U0142559

行動化學館

五南圖書出版公司 印行

氧化還原

陳大為、王虹　著

推薦序

台北市立西松高中數理實驗班　劉芷妤同學

　　我是在一個偶然的情況下進到陳大爲老師的太陽教育團隊上課，因爲國二多了一個理化，是我以前沒聽過的，所以我找了一家離我們學校最近的補習班，而那家補習班正好就是王虹老師在任教的。

　　王虹老師上課的方式很有趣，她會舉一些故事或生活中的例子來讓我們印象更深刻，再加上段考前的總複習，把自己不懂的挑出來再由老師一一解答，這對段考的幫助非常大。

　　我覺得我很幸運遇到了王虹老師，可以讓一般人聞之色變的理化成爲我的強項，現在我到了高中，多虧了老師奠定的基礎，讓我可以輕鬆理解老師說的話。所以我非常向學弟妹們推薦這本書，因爲他不但會讓你不討厭理化，甚至還會愛上理化。

新北市立板橋高中　許家妤同學

　　升上國二，最讓我感到害怕的科目就是理化了，不僅因為它是從未接觸過的科目，更因為很多人說理化很難之類的讓我有莫名的恐懼，但我自從遇到了太陽教育集團的王虹老師，不論是課堂上重點詳細的筆記，考前的重點加強叮嚀，都讓我對理化這科更加深了很多的信心。

　　對我來說，王虹老師就是開啟我邁入理化世界的一位引路人，如今我已升上高中，學習到更加高深的課程內容，雖然沒有再跟隨老師的腳步一起學習成長，但老師幫我奠定的基礎使我在高中的艱深難題中可以穩穩地念下去。

　　我知道我並不是一個用功讀書或天資聰穎的學生，但能夠遇到老師實在是太幸運了，所以大力推薦這本書，希望大家能多多支持這一本書，也期待有更多人能因為這本寶典而受益良多。

自 序　氧化與還原，有得必有失

　　火的使用，號稱是人類文明進化的第一步。人類對火是崇拜的、敬畏的，因為火可以造就人類，也可以毀滅人類。

　　後來科學家終於揭開火的神祕面紗：原來「火」，只不過是一種快速的氧化反應，也就是說，火的成因只是物質與氧的結合，於是就把這類反應稱作「氧化反應」，而氧化物脫去氧的反應則稱為「還原反應」。只是，事情似乎沒有那麼單純，近代化學已經證實並定義：失去電子的反應物，稱作「被氧化」；而得到電子的反應物，則稱為「被還原」，原來同一個反應中，氧化與還原是同時進行的。而現代化學與化工更依據氧化還原理論，發展如電池、電解與電鍍、電煉等各種各樣的化學工業，由此可知，「氧化還原」可謂是人類依賴至深的入世科學！

　　本書自概論談起，由淺入深介紹包括「氧化還原概論」、「氧化還原反應」、「氧化還原滴定」、「電化電池」、「電解與電鍍」等，理論包含國、高中課程，融會貫通告訴讀者氧化還原的定義、原理與應用，內容十分完整。相信在讀完本書之後，不論是對學校所學課程的瞭解、或是自修想課外多多探討的讀者，一定都有非常大的助益！

　　氧化還原是化學上相當重要的一種反應類型。在〈行動化學館〉系列叢書中，幾乎每冊不同的主題裡，或多或少都會提到氧化還原反應，而本書正是專題來研究氧化還原反應的定義、理論與各種現象以

及應用。作者在講堂授課時，總是以口訣：「氧化與還原，有得就有失！」給學生一個基礎卻重要的觀念。接下來，就請大家翻開本書，與我們一起來研究氧化還原吧！

太陽教育團隊執行長
於 105 年冬在新北市〈太陽教學團隊〉總部

作者介紹

陳大為老師

　　陳大為老師，縱橫補教界 25 年，歷任台北太陽教育集團（大集美、大福欣、大遠見）、儒林、立恆、高國華、林冠傑、華興等各大補習班，每年教導上千位國、高中學生，為目前全台最受肯定的理化補教名師。上課風格節奏明快、幽默詼諧、課程重點針針見血，抓題精準，最擅長將課程重點彙整列表圖示，並以日常生活實例融入理化課程中，深受學生好評。曾任中國時報《97 國中基測完全攻略密笈》乙書、「國三第八節」專欄理化科作者，現任太陽教育集團總裁。著有《你也可以是理化達人》乙書、《國中理化一點都不難》、《圖解國中基測理化》、《大學學測必考的 22 個化學題型》等工具書、《國中理化 TOP 講義》、《國高中理化太陽講義》進度與總複習系列，並校對有《超可愛科學》系列叢書等。

王虹老師

Hello，大家好，我是「王虹」老師！

在國中時期，「理化」是我最喜愛的科目了。

為什麼呢？因為理化可以將日常生活中的自然科學現象，從原理到計算，從霧裡看花到清楚明白，這過程是我最愛的階段。領悟得來的成就感，你非得要親身體驗一下不可，絕對讓你驚呼：「哇！王虹老師，原來理化也可以這麼簡單！」哈～哈～是真的！

王虹式的教學風格是什麼呢？

每次上課時，我總喜歡講一些有趣的理化小故事，並利用淺顯易懂的比喻融入複雜的理化原理中，讓你不知不覺就學會了一個單元，使你學起理化一點兒也不困難喔！

【經歷】

太陽教育集團理化教師　　　　　大振補習班

台北儒林補習班　　　　　　　　A+ 升學中心

大自然科學教室　　　　　　　　貝斯特補習班

立恆補習班

大福欣補習班　　　　　　　　【著作】

漢英文理補習班　　　　　　　　國中理化一點都不難

麥克文教補習班

學奇補習班

未來領袖補習班

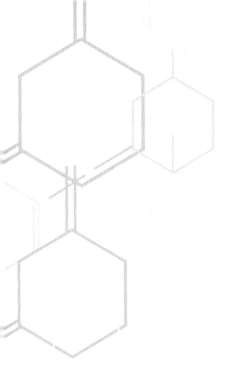

目　錄

第一章　氧化還原概論

本章導讀

氧化與還原的分別在哪裡？

金屬與非金屬元素的氧化反應有什麼差別嗎？

各種元素的活性大小如何判斷呢？

氧化還原反應究竟如何進行的？

氧化還原反應在工業上有什麼應用呢？

那在生活上又有什麼應用哪？

氧化還原的觀念常讓你一頭霧水嗎？本章就為你一次說清楚！

學習概念圖

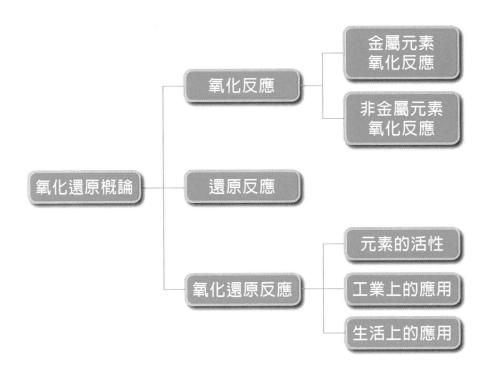

氧化還原概論

- 氧化反應
  - 金屬元素氧化反應
  - 非金屬元素氧化反應
- 還原反應
- 氧化還原反應
  - 元素的活性
  - 工業上的應用
  - 生活上的應用

　　早自習時間，同學們陸續走進教室。

　　小伶衝進教室後的第一句話就是大喊：「好冷喔！今天是什麼鬼天氣啊？你們看，我今天穿了五件衣服、兩件褲子，整個人腫了一大圈，外面實在冷死人了啦！」

　　阿慶說：「哈哈！不會啊！我最喜歡這樣冷冷的冬天了。不過，大雄你怎麼穿這麼少，你不是最怕冷了嗎？」

　　只見這時，大雄竊竊地偷笑了一下並回應大家：「我口袋裡有祕密武器啊！」

　　大家此時都好奇地望向大雄的口袋，異口同聲地說：「原來是『暖暖包』啊！」

　　這時，王虹老師恰巧走進了教室，小伶馬上提問：「老師，為什麼暖暖包會發熱呢？」

　　王虹老師解釋：「那是因為暖暖包中的鐵粉正在發生『氧化反應』啊，在這個氧化反應發生的過程中，釋放出了熱量。」

　　王虹老師話說著說著的同時，突然注意到有位包得像粽子一樣的同學，不禁開起玩笑：「今天我是到了動物園嗎？怎麼教室後面有一隻熊呢？」

　　大家循著老師的目光，也轉頭看向教室後方。

　　小伶馬上反應過來，原來是在說自己，大叫：「老師！我是小伶！不是熊啦！」

　　全班哄堂大笑。

① 何謂氧化

「氧化反應」是什麼呢？「氧化反應」，簡單來說，就是物質與氧化合的反應；但更精確的說法，則是「失去電子（e^-）的反應」。

氧化反應有的緩慢，有的快速，緩慢的氧化反應如：金屬生鏽、呼吸作用；快速的氧化反應如：燃燒、爆炸等。

▲金屬生鏽是緩慢的氧化反應

▲蠟燭燃燒是快速的氧化反應

【金屬氧化反應】

氧化反應（例如，Mg原子得到了氧，但同時也失去了2個電子e^-）

$$2 \underline{Mg} + O_2 \rightarrow 2 \underline{MgO}$$
$$0 +2$$

氧化半反應：$Mg \rightarrow Mg^{2+} + 2\,e^-$

【非金屬氧化反應】

　　氧化反應（例如，C原子得到了氧，但同時也失去了4個電子e^-）

$$\overset{\underline{C}}{0} + O_2 \rightarrow \overset{\underline{CO_2}}{+4}$$

氧化半反應：$C \rightarrow C^{4+} + 4\,e^-$

何謂還原

　　而「還原反應」又是什麼呢？簡單來說，「還原反應」幾乎就是「氧化反應」的相反。怎麼說呢？「還原反應」，就是物質失去氧的反應；也可說是「得到電子（e^-）的反應」。

【金屬氧化物的還原反應】

　　還原反應（例如，HgO分子失去了氧，但Hg^{2+}同時也得到了2個電子e^-）

$$2\,\overset{\underline{HgO}}{+2} \rightarrow 2\,\overset{\underline{Hg}}{0} + O_2$$

還原半反應：$Hg^{2+} + 2\,e^- \rightarrow Hg$

【非金屬氧化物的還原反應】

還原反應（例如，H_2O分子失去了氧，但H^+同時也得到了1個電子e^-）

$$2\ \underline{H}_2O \rightarrow 2\ \underline{H}_2\ +\ O_2$$
$$\qquad +1 \qquad\qquad 0$$

還原半反應：$H^+ + e^- \rightarrow H$

③ 金屬氧化

　　金屬元素氧化後，會有什麼反應生成呢？氧化反應後，產生的金屬氧化物是否可與水反應，並生成什麼反應物呢？能使水溶液呈酸性、中性還是鹼性呢？

　　我們分別以金屬元素鈉（Na）、鎂（Mg）、銅（Cu）來舉例吧！

1. 鈉（Na）燃燒的氧化反應：

　　反應式：$4\ Na + O_2 \rightarrow 2\ Na_2O$

　　焰色：黃色火焰

　　氧化物與水反應式：$Na_2O + H_2O \rightarrow 2\ NaOH$

　　水溶液酸鹼性：鹼性

2. 鎂（Mg）燃燒的氧化反應：

　　反應式：$2\ Mg + O_2 \rightarrow 2\ MgO$

　　焰色：白色火焰

　　氧化物與水反應式：$MgO + H_2O \rightarrow Mg(OH)_2$

　　水溶液酸鹼性：鹼性

3. 銅（Cu）燃燒的氧化反應：

反應式：$2\,Cu + O_2 \rightarrow 2\,CuO$

焰色：沒有火焰

氧化物與水反應式：$CuO + H_2O \rightarrow X$ （難溶於水）

水溶液酸鹼性：中性

那換成非金屬元素氧化後，又會有什麼反應生成呢？氧化反應後，產生的非金屬氧化物是否也可與水反應，並生成什麼反應物呢？能使水溶液呈酸性、中性還是鹼性呢？

我們分別以非金屬元素硫（S）、碳（C）來舉例吧！

1. 硫（S）燃燒的氧化反應：

反應式：$S + O_2 \rightarrow SO_2$

焰色：藍紫色火焰

氧化物與水反應式：$SO_2 + H_2O \rightarrow H_2SO_3$

水溶液酸鹼性：酸性

2. 碳（C）燃燒的氧化反應：

反應式：$C + O_2 \rightarrow CO_2$

焰色：黃色火焰

氧化物與水反應式：$CO_2 + H_2O \rightarrow H_2CO_3$

水溶液酸鹼性：酸性

重要觀念建立 1-1

阿偉將各放有鎂和硫的兩燃燒匙分別點火，然後各放入甲、乙兩個充滿氧氣的瓶中繼續燃燒。待火焰熄滅後，分別加入少量的水，充分搖盪後，在室溫時，甲、乙兩瓶水溶液的 pH 值，下列何者正確？ 【96. 基測 1】

(A) 甲瓶 pH 值大於 7，乙瓶 pH 值大於 7

(B) 甲瓶 pH 值大於 7，乙瓶 pH 值小於 7

(C) 甲瓶 pH 值小於 7，乙瓶 pH 值小於 7

(D) 甲瓶 pH 值小於 7，乙瓶 pH 值大於 7。

解析

答案為B。

甲瓶：

鎂（Mg）燃燒的氧化反應：$2\ Mg + O_2 \rightarrow 2\ MgO$

氧化物與水反應式：$MgO + H_2O \rightarrow Mg(OH)_2$（鹼性）

⇒ 甲瓶：pH值大於7

乙瓶：

硫（S）燃燒的氧化反應：$S + O_2 \rightarrow SO_2$

氧化物與水反應式：$SO_2 + H_2O \rightarrow H_2SO_3$（酸性）

⇒ 乙瓶：pH值小於7

重要觀念建立 1-2

下列何種物質的燃燒產物溶於純水後，會使藍色石蕊試紙變紅色？

(A) 鎂帶　(B) 硫粉　(C) 鈉粒　(D) 氫氣。　　　　【90. 基測 1】

解析

答案為B。

非金屬元素燃燒後的氧化物溶於水為酸性，可使藍色石蕊試紙變紅色。

(A) 鎂（Mg）燃燒的氧化反應：$2\,Mg + O_2 \rightarrow 2\,MgO$

　　氧化物與水反應式：$MgO + H_2O \rightarrow Mg(OH)_2$（鹼性）

(B) 硫（S）燃燒的氧化反應：$S + O_2 \rightarrow SO_2$

　　氧化物與水反應式：$SO_2 + H_2O \rightarrow H_2SO_3$（酸性）

(C) 鈉（Na）燃燒的氧化反應：$4\,Na + O_2 \rightarrow 2\,Na_2O$

　　氧化物與水反應式：$Na_2O + H_2O \rightarrow 2\,NaOH$（鹼性）

(D) 氫氣（H_2）燃燒的氧化反應：$2\,H_2 + O_2 \rightarrow 2\,H_2O$

　　氧化物H_2O溶於純水後，仍是H_2O（中性）。

⇒ 此題選(B)。

　　硫粉的燃燒產物溶於純水後呈酸性，會使藍色石蕊試紙變紅色。

重要觀念建立 1-3

嘉嘉以燃燒匙取少量硫粉，用酒精燈點燃後，再放入氧氣瓶中燃燒。關於硫粉的燃燒情形，下列敘述何者正確？【90.基測1】

(A) 燃燒的硫粉，放入氧氣瓶中，火焰立即熄滅

(B) 黃色的硫粉，燃燒時產生黃色火焰

(C) 硫粉燃燒產生的氣體，可使溼石蕊試紙變藍

(D) 硫粉燃燒的時候，會產生刺激性的臭味。

解析

答案為D。

非金屬元素燃燒後的氧化物溶於水為酸性，可使藍色石蕊試紙變紅色。

(A) 錯誤。燃燒的硫粉，放入氧氣瓶中，會繼續燃燒，反應式：$S + O_2 \rightarrow SO_2$。

(B) 錯誤。雖然硫粉是黃色，但燃燒時產生的火焰是藍紫色。

(C) 錯誤。硫粉燃燒產生的氣體溶於水，呈酸性，可使溼石蕊試紙變紅。

(D) 正確。硫粉燃燒時，會產生具有刺激性臭味的SO_2。

⑤ 元素的活性

1. 活性：化學上將元素在空氣中燃燒的難易程度，比較為元素氧化的活性。

2. 鎂、鋅、銅活性：鎂、鋅、銅三種金屬在空氣中加熱，其燃燒的難易程度不相同。

   (1) 鎂（Mg）：鎂最容易起火燃燒，火焰呈白色，燃燒後的產物易溶於

水中，水溶液呈鹼性。

(2) 鋅（Zn）：鋅較不容易燃燒，火焰呈黃綠色，其表面生成的氧化鋅，會隔絕空氣中的氧與內部的鋅接觸，其燃燒後的產物稍溶於水中，水溶液呈弱鹼性。

(3) 銅（Cu）：銅不易燃燒，加熱後表面生成一層黑色物質，此物質難溶於水。

由上述的得知，鎂比鋅容易氧化，鋅又比銅容易氧化，因此它們對氧的活性順序是：鎂 > 鋅 > 銅。

3. 對氧活性大小系列：

$K > Na > Ca > Mg > Al > (C) > Zn > Cr > Fe > Sn > Pb > (H_2) > Cu > Hg > Ag > Pt > Au$

4. 金屬活性簡述：

(1) 鈉、鉀：對氧活性大，容易燃燒，置於空氣中易和氧發生反應而失去光澤，故鈉、鉀必須貯存在石油中。

(2) 鐵：鐵金屬長期暴露在空氣中，會起氧化反應，如鐵櫃生鏽。

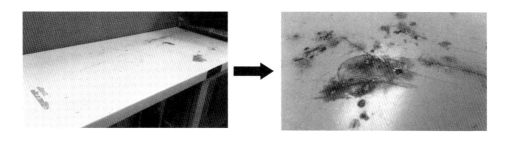

(3) 鋅、鋁：鋅、鋁雖然活性大、易氧化，但表面會生成一層薄薄的氧化物，其質地緻密，能防止裡面的金屬繼續被氧化，故久置於空氣中也

不容易鏽蝕。

(4) 鉑、金：對氧活性小的金屬在空氣中很穩定，其製成的飾品或器物，能長久保持不變質。

▲金飾

▲銀飾

重要觀念建立 1-5

下列哪一種現象與元素的活性無關？ 【98. 基測 2】

(A) 銅器古物比鐵器古物易於保存

(B) 磁鐵可吸住鐵釘，但不能吸住銅片

(C) 在電鍍銅的廢液中加入鋅粉可產生銅

(D) 鋅片在鹽酸中會冒氣泡，銅片則不會。

解析

答案為B。

元素對氧活性大小：

$K > Na > Ca > Mg > Al > (C) > Zn > Cr > Fe > Sn > Pb > (H_2) >$

Cu > Hg > Ag > Pt > Au

(A) 對氧活性大小：鐵 > 銅，故銅較不易氧化，較適合用來做成器具。

(B) 此為磁性物質的特性。一般而言，可被磁鐵吸引的物質，稱為磁性物質，如鐵、鈷、鎳或其合金等。

(C) 活性大小：鋅 > 銅，活性大者，易失去電子，故$Zn + Cu^{2+} \rightarrow Zn^{2+} + Cu$。

(D) 活性大小：鋅 > 銅，活性大的金屬，易與酸發生反應。

重要觀念建立 1-6

小暘取鈉、鋅、銅三種金屬元素任意標示為甲、乙、丙並進行實驗，如下圖所示。根據小暘實驗的流程及觀察的結果，下列敘述何者正確？　　　　　　　　　　　　　　【92. 基測 2】

(A) 甲是銅，乙是鈉，丙是鋅　　(B) 甲是鋅，乙是銅，丙是鈉

(C) 甲是銅，乙是鋅，丙是鈉　　(D) 甲是鋅，乙是鈉，丙是銅。

答案為C。

元素活性大小：

K > Na > Ca > Mg > Al > (C) > Zn > Cr > Fe > Sn > Pb > (H_2) > Cu > Hg > Ag > Pt > Au

活性較大的金屬，遇到水會產生氫氣，如鉀、鈉，故丙應該是鈉；

活性中等的金屬，遇到鹽酸會產生氫氣，如鎂、鋁、鋅，故乙應該是鋅；

活性較小的金屬，遇到水及鹽酸皆無反應，如銅、銀、金，故甲應該是銅。

6 氧化還原反應

	狹義	廣義
氧化反應	物質得到氧的反應	失去電子的反應
還原反應	物質失去氧的反應	得到電子的反應

經過以上的整理，不知是否有注意到呢？「氧化」及「還原」其實根本就是互為顛倒的反應，不僅如此，氧化及還原反應更是伴隨而生的，因為氧化反應時得到的氧就是由還原反應所提供的，而還原反應時得到的電子（e^-）就是由氧化反應所提供的。

以下就舉幾個例子給你們瞧瞧吧！

1. 鋅與氧化銅的反應（鋅 + 氧化銅 → 氧化鋅 + 銅）

   反應式：$Zn + CuO \rightarrow ZnO + Cu$

2. 鎂與二氧化碳的反應（鎂 + 二氧化碳 → 氧化鎂 + 碳）

   反應式：$2\,Mg + CO_2 \rightarrow 2\,MgO + C$

3. 碳與氧化銅的反應（碳 + 氧化銅 → 二氧化碳 + 銅）

   反應式：$C + 2\,CuO \rightarrow CO_2 + 2\,Cu$

4. 鈉與氯的反應（鈉 + 氯 → 氯化鈉）

   反應式：$2\,Na + Cl_2 \rightarrow 2\,NaCl$

　　現在，就讓以下幾個範例來細說一下，「氧化」及「還原」究竟是如何進行的吧！

範例 1　鋅與氧化銅的反應

氧化反應（Zn原子得到了氧，
但同時也失去了2個電子e^-）

$$\underset{(0)}{\underline{Zn}} + \underset{(+2)}{\underline{Cu}O} \rightarrow \underset{(+2)}{ZnO} + \underset{(0)}{Cu}$$

還原反應（CuO分子失去了氧，
但Cu^{2+}同時也得到了2個電子e^-）

進一步整理：

	氧的得失	電子的得失
氧化反應	$Zn \rightarrow ZnO$	$Zn \rightarrow Zn^{2+} + 2\,e^-$：$Zn$ 失去 2 個電子
還原反應	$CuO \rightarrow Cu$	$Cu^{2+} + 2\,e^- \rightarrow Cu$：$Cu^{2+}$ 得到 2 個電子

範例 2　鎂與二氧化碳的反應

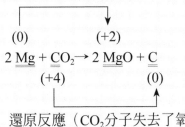

氧化反應（Mg原子得到了氧，
但同時也失去了2個電子e⁻）

$$2\,\underline{Mg} + \underline{C}O_2 \rightarrow 2\,\underline{Mg}O + \underline{C}$$

還原反應（CO_2分子失去了氧，但
C^{4+}同時也得到了4個電子e⁻）

進一步整理：

	氧的得失	電子的得失
氧化反應	$Mg \rightarrow MgO$	$Mg \rightarrow Mg^{2+} + 2\,e^-$：$Mg$ 失去 2 個電子
還原反應	$CO_2 \rightarrow C$	$C^{4+} + 4\,e^- \rightarrow C$：$C^{4+}$ 得到 4 個電子

範例 3　碳與氧化銅的反應

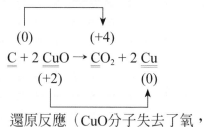

氧化反應（C原子得到了氧，但
同時也失去了4個電子e^-）

$$\begin{array}{cc} (0) & (+4) \\ C + 2\underline{CuO} \rightarrow \underline{CO_2} + 2\underline{Cu} \\ (+2) & (0) \end{array}$$

還原反應（CuO分子失去了氧，
但Cu^{2+}同時也得到了2個電子e^-）

進一步整理：

	氧的得失	電子的得失
氧化反應	$C \rightarrow CO_2$	$C \rightarrow C^{4+} + 4\,e^-$：C 失去 4 個電子
還原反應	$CuO \rightarrow Cu$	$Cu^{2+} + 2\,e^- \rightarrow Cu$：$Cu^{2+}$得到 2 個電子

範例 4　鈉與氯的反應

氧化反應（Na原子失去了1個電子e^-）

$$\begin{array}{ccc} (0) & & (+1) \\ 2\,\underline{Na} + \underline{Cl_2} &\rightarrow& 2\,\underline{Na}\,\underline{Cl} \\ (0) & & (-1) \end{array}$$

還原反應（Cl原子得到了1個電子e^-）

進一步整理：

	電子的得失
氧化反應	$Na \rightarrow Na^+ + e^-$：Na 失去 1 個電子
還原反應	$Cl + e^- \rightarrow Cl^-$：Cl 得到 1 個電子

重要觀念建立 1-7

鋅粉與氧化銅粉末在隔絕空氣的條件下混合加熱的反應如下：

$$Zn + CuO \xrightarrow{\text{加熱}} ZnO + Cu$$

下列有關此反應的敘述何者正確？　　　　　　【95. 基測 1】

(A) 銅被氧化，鋅被還原

(B) 氧化銅被氧化，鋅被還原

(C) 與氧結合的活性：鋅 < 銅

(D) 釋出氧的活性：氧化鋅 < 氧化銅。

解析

答案為D。

反應式：$Zn + CuO \xrightarrow{\text{加熱}} ZnO + Cu$

(A) 錯誤。鋅被氧化，氧化銅被還原。

(B) 錯誤。鋅被氧化，氧化銅被還原。

(C) 錯誤。與氧結合的活性：鋅 > 銅。

(D) 正確。∵ 與氧結合的活性：鋅 > 銅

　　　　∴ 釋出氧的活性：氧化鋅 < 氧化銅

重要觀念建立 1-8

「金屬鈉在二氧化碳中可以燃燒，所以燃燒不一定只發生在空氣或純氧中。」關於此敘述的判斷及解釋，下列何者正確？

【97. 基測 2】

(A) 敘述正確，鈉可與二氧化碳反應產生氧氣，幫助燃燒

(B) 敘述正確，鈉的活性大於碳，可與二氧化碳反應生成碳粒

(C) 敘述錯誤，物質燃燒需要氧氣，在二氧化碳中不會燃燒

(D) 敘述錯誤，鈉和銅一樣都是金屬，無法燃燒。

解析

答案為B。

∵ 元素活性大小：$Na > C$

∴ 與氧結合的活性：鈉＞碳，釋出氧的活性：氧化鈉＜二氧化碳

反應式：$4\,Na + CO_2 \rightarrow 2\,Na_2O + C$

由反應式中得知，

題目敘述正確，鈉的活性大於碳，所以Na可從CO_2中搶走氧原子，使自身氧化為Na_2O，並將CO_2還原為C（碳粒）。

7 工業上的應用 —— 金屬的冶煉

1. 金屬冶煉的原理：

自然界中，除了金、鉑等少數化學活性小的金屬，以元素狀態存在外，大多數的金屬（如鐵、鋁、銅等），都是以化合物的狀態存在於礦石

中，從金屬礦提煉金屬的過程，稱為「冶煉」。常利用能和一些金屬的氧化物發生反應，而奪去氧，產生元素狀態的金屬。

2. 鐵的冶煉（高爐煉鐵）：

(1) 原料：鐵礦（Fe_2O_3）、焦炭（C）、灰石（$CaCO_3$）及熱空氣等。

(2) 原理：

①焦炭燃燒生成一氧化碳（1式）及大量的熱，所產生的一氧化碳可將氧化鐵還原為熔化的鐵（2式）。

（1式）$2 C + O_2 \rightarrow 2 CO$

（2式）$Fe_2O_3 + 3 CO \rightarrow 2 Fe + 3 CO_2$

②焦炭本身也可以還原氧化鐵（3式）。

（3式）$2 Fe_2O_3 + 3 C \rightarrow 4 Fe + 3 CO_2$

③灰石在高爐受熱會分解為氧化鈣與二氧化碳（4式），產生的二氧化碳再與煤焦反應生成一氧化碳（5式）。

（4式）$CaCO_3 \rightarrow CaO + CO_2$

（5式）$CO_2 + C \rightarrow 2 CO$

④氧化鈣則與礦石中的泥沙作用生成熔渣$CaSiO_3$（偏矽酸鈣）熔渣的熔點較低，密度也較小，會浮在液態鐵的表面，可防止鐵再被氧化。

$CaO + SiO_2 \rightarrow CaSiO_3$

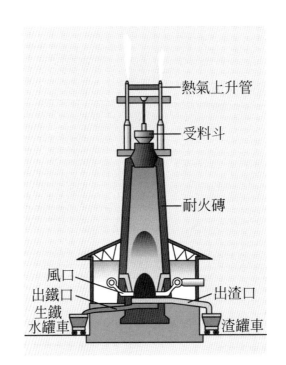

熱氣上升管
受料斗
耐火磚
風口
出鐵口
生鐵
水罐車
出渣口
渣罐車

重要觀念建立 1-9

附圖爲高爐煉鐵裝置,試回答下列問題:

(1) 原料從何處加入?

(2) 熱空氣從何處鼓入?

(3) 煉得的鐵從何處流出?

(4) 熔渣又從何處流出?

(5) 由高爐煉出的鐵爲

熱氣上升管
甲
耐火磚
乙
丙
丁

(A) 生鐵　(B) 鋼　(C) 熟鐵

(6) 高爐煉鐵，是將含氧的鐵礦以何種物質還原？

　　(A) 氧氣　(B) 焦炭　(C) 灰石

(7) 高爐煉鐵時，加入灰石的主要目的是：

　　(A) 氧化焦炭

　　(B) 還原鐵礦

　　(C) 作為水泥的原料

　　(D) 除去鐵礦中的泥沙，同時可防止液態鐵再被氧化

(8) 加入灰石（$CaCO_3$）的目的，主要是與礦石中的泥沙（SiO_2）反應生成：

　　(A) 矽　(B) 鈣　(C) 溶渣　(D) 氧化鈣。

解析

答案：(1)甲；(2)乙；(3)丙；(4)丁；(5) A；(6) B；(7) D；(8) C。

8　生活上的應用

1. 蠟燭燃燒、鐵生鏽、呼吸都是氧化還原反應，這些反應中，蠟燭、鐵、葡萄糖是還原劑，氧是氧化劑。植物行光合作用時，將太陽能轉化成化學能儲存於我們的食物中，同時產生氧，是自然界中最重要的還原反應。

2. 漂白劑作用原理：

　(1) 氧化型的漂白劑：

　　　洗滌衣物加入漂白劑可用來漂白棉織物，主要是藉氧化作用，除去染

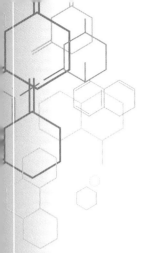

在白色織物上有顏色的物質。次氯酸鈉水溶液（俗稱漂白液）為一強氧化劑，也是常見的漂白劑，除了可於紙漿、木製品和棉麻纖維的漂白處理以外；加水稀釋後，還可以用於環境及物品消毒，達到殺菌的目的。另外還有過氧化氫水溶液（雙氧水）也有類似效果，但比較溫和，可以漂白花色衣物。

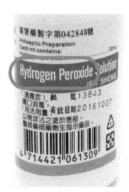

(2) 還原型的漂白劑：

二氧化硫則屬於還原型的漂白劑，常用於漂白動物織品原料、稻草和羽毛，糖精製的過程，以及水果、蔬菜的保存也常使用。將其製備成酸性亞硫酸鹽則可以處理木漿、製造硫酸，或作為消毒劑以防止酒發霉，但因其在物品殘留有致癌之虞，近來已很少用於食品及食器的處理。

3. 在藥物化學或食品化學中，還原劑也常被稱為抗氧化劑，如胡蘿蔔素、維他命C、維他命E等。

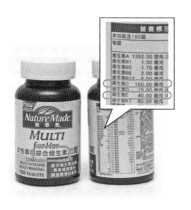

重要觀念建立 1-10

免洗筷常以何物質漂白，使筷子看起來又白又漂亮，以至於殘留酸性物質？

(A) 次氯酸鈉　(B) 過氧化氫　(C) 二氧化硫　(D) 維他命 C。

解析

答案為 C。

重要觀念建立 1-11

下列有關生活中氧化還原的敘述，何者正確？

(A) 呼吸作用中，氧氣與葡萄糖反應，此時葡萄糖為還原劑

(B) 利用二氧化硫將竹筷漂白，此時二氧化硫為氧化劑

(C) 泡麵中常添加維他命 A 作為抗氧化劑

(D) 鐵生鏽時，鐵是氧化劑，氧氣是還原劑。

解 析

答案為A。

(A) 正確。

(B) 錯誤。二氧化硫為「還原劑」。

(C) 錯誤。泡麵中常添加為「維他命E」作為抗氧化劑。

(D) 錯誤。鐵是「還原劑」，氧氣是「氧化劑」。

▲有趣故事分享：
　銀飾洗澎澎

本章重點整理

◎ 氧化是一種化學變化。

◎ 各種金屬氧化的速度皆不同，要看活性大小。

◎ 非金屬也是會氧化的。

◎ 因為各種元素的氧化活性大小不同，故儲存方式也不同。

◎ 「氧化」與「還原」的定義：狹義上是氧的得失；廣義上是電子的得失。

◎ 「氧化反應」與「還原反應」是相伴發生的，失去電子的一方為氧化反應，而得到電子的一方為還原反應。

◎ 從化學反應式中學習判別「氧化反應」與「還原反應」。

◎ 氧化還原在工業上的應用：金屬的冶煉。

◎ 氧化還原在生活上的應用：漂白劑、抗氧化劑。

◎ 對氧活性大小系列：

$K > Na > Ca > Mg > Al > (C) > Zn > Cr > Fe > Sn > Pb > (H_2) > Cu > Hg > Ag > Pt > Au$

◎ 進行氧化還原反應時，若兩元素與氧結合的活性：A > B，則釋出氧的活性：AO < BO。例如：與氧結合的活性：Mg > Zn > Cu，則釋出氧的活性：MgO < ZnO < Cuo。

學習上易犯錯的地方與注意事項

◎金屬元素及非金屬元素的氧化現象大不同,其氧化物的水溶液也會呈現出不同的酸鹼性,需熟記勿混淆。

◎「氧化還原反應」,切勿因為字面上「氧」這個字,而認為只跟氧的得失有關,主要是牽涉電子得失的反應。例如:$2Na + Cl_2 \rightarrow 2NaCl$,此反應式中並無氧的得失,卻有電子的得失,所以算是氧化還原反應。

◎藉由高爐冶煉金屬的方式,並不適用於所有的金屬礦。因為一般冶煉時用的還原劑是價格低廉的碳,所以欲冶煉的金屬,活性必須比還原劑小才行。

◎漂白劑有分氧化型和還原型,依照用途不同,選用方式也不同。若是衣物的漂白、環境的消毒,選用氧化型漂白劑;若是為了食品漂白或防腐,在金針、蜜餞、中藥材、免洗筷中,則可能含有還原型的二氧化硫漂白劑。

◎維生素E是一種脂溶性維生素,也是一種很好的抗氧化劑,常被當成抗老的產品食用,但仍應注意避免攝取過量,以免囤積體內,加重器官的負擔,造成身體不適。

第二章 氧化還原反應

本章導讀

氧化數是什麼？

各元素及化合物中原子的氧化數，怎麼看出來呢？

自身氧化還原反應和氧化還原反應有差別嗎？

氧化劑和還原劑怎麼區分呢？

氧化還原方程式要如何平衡呢？

氧化還原，國中、高中深度大不同，本章一次告訴你！

學習概念圖

```
                    ┌─────────────────┐      ┌──────────────────────┐
                    │     氧化數       │──────│ 1. 氧化數的決定性質   │
                    └─────────────────┘      │ 2. 金屬的氧化數        │
                                             │ 3. 氫（H）的氧化數     │
                    ┌─────────────────┐      │ 4. 氧（O）的氧化數     │
                    │   氧化數的討論    │      │ 5. 離子的氧化數        │
                    └─────────────────┘      └──────────────────────┘

                    ┌─────────────────┐
                    │   氧化與還原      │
                    └─────────────────┘

 ┌──────────────┐   ┌─────────────────┐
 │ 氧化還原反應  │───│ 自身氧化還原反應  │
 └──────────────┘   └─────────────────┘

                    ┌─────────────────┐
                    │  氧化劑與還原劑   │
                    └─────────────────┘

                    ┌─────────────────┐      ┌──────────────────┐
                    │  氧化還原方程式   │──────│   氧化數平衡法     │
                    │    之平衡        │      └──────────────────┘
                    └─────────────────┘      ┌──────────────────┐
                                             │    半反應法        │
                                             └──────────────────┘
```

氧化還原

又到了大家最喜愛的化學課時間。

王虹老師走進教室，說道：「請同學翻開今天要上課的單元——氧化還原。」

阿德馬上舉手，問道：「咦！氧化還原國中不是上過了嗎？高中還要再上一次嗎？」

阿德真是說中大家的心聲，只見全班同學頻頻點頭。

看到大家這樣疑惑的眼神，王虹老師笑了笑，馬上解答道：「不錯喔！大家記性都很好耶，還記得國中學過氧化還原。高中要教的氧化還原，可說是國中的延伸喔！在國中課程我們是用氧的得失及電子的得失，來判斷是氧化反應還是還原反應，在高中課程部分則多加入了『氧化數』的觀念來解釋氧化還原反應，也會用『氧化數』來判斷氧化劑及還原劑，最後還會教大家用『氧化數』來平衡氧化還原方程式喔！」

小如眉頭一皺，哀怨地說道：「『氧化數』，聽起來就好難喔！」

大雄看到小如這麼緊張，忍不住噗哧一笑，說道：「有什麼好擔心的呀？只要跟著王虹老師好好學，化學真是 so easy 啦！」

王虹老師滿意地笑了笑，說道：「那同學們，我們準備開始上課囉！」

▲燒窯的技術也是氧化還原的應用
／攝自水里蛇窯

1 氧化數

一、氧化數

1. 定義：將鍵結電子分配給電負度[註1]較大的元素時，一原子所得失的電子數。

2. 性質：若得到電子，則氧化數為負；若失去電子，則氧化數為正。

二、氧化數的決定性質

1. 元素態的任何物質，氧化數皆為0。

   例如：Na、Mg、O_2、H_2等。

2. 化合物中，各元素氧化數和為0。

   例如：NaCl，Na的氧化數為 + 1、Cl的氧化數為−1，其氧化數總和為0。

3. 元素的氧化數不超過族數，最多以族數為氧化數。

   例如：H_2SO_4中，S的氧化數為 + 6。

4. 氟（F）在化合物中氧化數恆為−1。

   例如：NaF，Na的氧化數為 + 1、F的氧化數為−1。

氧化還原

（註1）電負度：元素原子在分子中對成鍵電子的吸引能力。

重要觀念建立 2-1

下列氧化數何者不可能存在？

(A) O = −1　(B) P = +6　(C) C = +4　(D) Cl = +8　(E) F = −2。

解析

答案為(B) (D) (E)

因為：元素的氧化數不超過族數，最多以族數為氧化數。

所以：(A) O = −1，且O為6A族，其氧化數未超過族數，故可能。

　　　(B) P = +6，但P為5A族，其氧化數超過族數，故不可能。

　　　(C) C = +4，且C為4A族，其氧化數未超過族數，故可能。

　　　(D) Cl = +8，但Cl為7A族，其氧化數超過族數，故不可能。

　　　(E) F = −2，但F在化合物中氧化數恆為−1，故不可能。

三、金屬的氧化數

1. 金屬化合物中，金屬的氧化數必為正值。

2. 1A族的化合物，1A族（鹼金屬）的氧化數為 +1。

　　例如：NaCl、KBr。

3. 2A族的化合物，2A族（鹼土金屬）的氧化數為 +2。

　　例如：$MgCl_2$、CaO。

重要觀念建立 2-2

下列何者當其為化合物時，其氧化數為 + 2 ？

(A) Al　(B) Be　(C) Ca　(D) Cs　(E) F。

解析

答案為(B) (C)

因為：2A族的化合物，2A族（鹼土金屬）的氧化數為 + 2。

所以：(A) Al為3A族金屬元素，當其為化合物時，Al的氧化數為 + 3。

　　　(B) Be為2A族金屬元素，當其為化合物時，Be的氧化數為 + 2。

　　　(C) Ca為2A族金屬元素，當其為化合物時，Ca的氧化數為 + 2。

　　　(D) Cs為1A族金屬元素，當其為化合物時，Cs的氧化數為+1。

　　　(E) F為7A族非金屬元素，當其為化合物時，F的氧化數為−1。

四、氫（H）的氧化數

1. 金屬氫化物中，氫（H）的氧化數為−1。

　　例如：LiH、CaH_2等。

2. 非金屬氫化物中，氫（H）的氧化數為 + 1。

　　例如：HCl、NH_3、H_2O等。

下列何者所含氫原子氧化數為 + 1？

(A) MgH_2　(B) NaH　(C) HF　(D) NH_3　(E) HCN。

解 析

答案為(C) (D) (E)

因為：金屬氫化物中，H的氧化數為-1；非金屬氫化物中，H的氧化數為 + 1。

所以：(A) MgH_2，鎂（Mg）為金屬元素，故H的氧化數為-1。

(B) NaH，鈉（Na）為金屬元素，故H的氧化數為-1。

(C) HF，氟（F）為非金屬元素且在化合物中氧化數為-1，故H的氧化數為 + 1。

(D) NH_3，氮（N）為非金屬元素，故H的氧化數為 + 1。

(E) HCN，碳（C）及氮（N）皆為非金屬元素，故H的氧化數為 + 1。

五、氧（O）的氧化數

1. 一般氧化物，氧的氧化數為-2。

例如：CO_2、H_2O等。

2. 過氧化物，氧的氧化數為-1。

例如：H_2O_2、Na_2O_2、BaO_2等。

3. 超氧化物，氧的氧化數為 $-1/2$。

　　例如：KO_2、CsO_2等。

4. 氧的氟化物，氧的氧化數為 $+1$ 或 $+2$。

　　例如：O_2F_2、OF_2等。

重要觀念建立 2-4

下列何物質中氧的氧化數為 -1？

(A) 水　(B) 雙氧水　(C) 氟化氧　(D) 過氧化鈉　(E) 氧化鈣。

解析

答案為(B) (D)

因為：化合物中，各元素氧化數和為0。

所以：(A) 水（H_2O），其H的氧化數為 $+1$，設O的氧化數為n，
　　　　$1 \times 2 + n \times 1 = 0$，故 $n = -2$。

　　　 (B) 雙氧水（H_2O_2），其H的氧化數為 $+1$，設O的氧化數為 n，
　　　　$1 \times 2 + n \times 2 = 0$，故 $n = -1$。

　　　 (C) 氟化氧（OF_2），其F的氧化數為 -1，設O的氧化數為 n，
　　　　$n \times 1 + (-1) \times 2 = 0$，故 $n = +2$。

　　　 (D) 過氧化鈉（NaO），其Na的氧化數為 $+1$，設O的氧化數為 n，
　　　　$1 \times 1 + n \times 1 = 0$，故 $n = -1$。

　　　 (E) 氧化鈣（CaO），其Ca的氧化數為 $+2$，設O的氧化數為 n，
　　　　$2 \times 1 + n \times 1 = 0$，故 $n = -2$。

六、離子的氧化數

1. 單原子離子，元素的氧化數即為離子的電荷數。

　　例如：O^{2-}、Na^+等。

2. 多原子離子，各元素的氧化數和為離子電荷數。

　　例如：CO_3^{2-}、NO_3^-等。

重要觀念建立 2-5

下列何者氧化數為 -2 ？

(A) Na　(B) Ca^{2+}　(C) CO_3^{2-}　(D) SO_4^{2-}　(E) CH_3COO^-。

解 析

答案為 (C) (D)

(A) Na，元素態的任何物質，氧化數皆為0。

(B) Ca^{2+}，單原子離子，元素的氧化數即為離子的電荷數，故氧化數為 $+2$。

(C) CO_3^{2-}，多原子離子，各元素的氧化數和為離子電荷數，故氧化數為-2。

(D) SO_4^{2-}，多原子離子，各元素的氧化數和為離子電荷數，故氧化數為-2。

(E) CH_3COO^-，多原子離子，各元素的氧化數和為離子電荷數，故氧化數為-1。

試計算出硝酸銨（NH_4NO_3）中兩個氮原子的氧化數各爲多少？

解析

硝酸銨（NH_4NO_3）中，NH_4^+爲陽離子，NO_3^-爲陰離子。

NH_4^+中，$H = +1$，設N的氧化數爲 y，且 $y \times 1 + 1 \times 4 = +1$，故$y = -3$。

NO_3^-中，$O = -2$，設N的氧化數爲 y，且 $y \times 1 + (-2) \times 3 = -1$，故$y = +5$。

所以，硝酸銨（NH_4NO_3）中，第一個N的氧化數爲-3，第二個N的氧化數爲$+5$。

2　氧化數的討論

1. 氧化數可爲零、正值、負值、分數和小數。
2. 金屬元素的氧化數必爲零或正值，而非金屬元素的氧化數則可爲零、負值或正值。
3. 4A～7A非金屬元素的氧化數不超過族數，最多以族數爲最高氧化數；最低氧化數則爲族數-8。

　　例如：

	4A	5A	6A	7A
	C	N	S	Cl
最高氧化數 （本身族數）	+4	+5	+6	+7
	CO_2	NO_3^-	SO_4^{2-}	ClO_4^-
最低氧化數 （族數 −8）	−4	−3	−2	−1
	CH_4	NH_3	H_2S	HCl

4. 氧化數最大的為 +8，如OsO_4的Os；最小的為−4，如CH_4的C。

5. 過渡元素常有多種氧化數，以下為第一列過渡元素的常見氧化數。

鈧 Sc	鈦 Ti	釩 V	鉻 Cr	錳 Mn	鐵 Fe	鈷 Co	鎳 Ni	銅 Cu	鋅 Zn
+3	+1	+2	+2	+2	+2	+2	+2	+1	+2
	+2	+3	+3	+3	+3	+3	+3	+2	
	+3	+4	+6	+4					
	+4	+5		+6					
				+7					

6. 各原子的氧化數的判斷順序：

（步驟1）先判斷出恆定值 →（步驟2）再代入H、O的氧化數 →（步驟3）求出氧化數

| (1) F恆爲−1 |
| (2) 1A、Ag必爲 + 1 |
| (3) 2A、Zn、Cd必爲 + 2 |
| (4) Al、Sc必爲 + 3 |

→

| H通常爲 + 1 |
| O通常爲−2 |

→ 求出其他元素之氧化數

例如：$KMnO_4$ 中，Mn的氧化數爲多少？

【步驟1】先判斷出恆定值：K = +1

【步驟2】再代入H、O的氧化數：O = −2

【步驟3】求出氧化數：

$$1 \times 1 + Mn \times 1 + (-2) \times 4 = 0$$

故Mn = +7。

重要觀念建立 2-7

鉻酸鉀（K_2CrO_4）和二鉻酸鉀（$K_2Cr_2O_7$），其中 Cr 的氧化數各爲多少？

解析

鉻酸鉀（K_2CrO_4）：K = +1，O = −2，且化合物中各元素氧化數和爲0，
設Cr的氧化數爲 n，
$1 \times 2 + n \times 1 + (-2) \times 4 = 0$，故n = + 6。

二鉻酸鉀（$K_2Cr_2O_7$）：K = +1，O = −2，且化合物中各元素氧化數和爲0，
設Cr的氧化數爲 n，
$1 \times 2 + n \times 2 + (-2) \times 7 = 0$，故n = + 6。

過渡元素錳（Mn）有許多種氧化態，以下各項物質皆含有錳原子，試計算出其中錳的氧化數各為多少？

(1) Mn^{2+}　(2) Mn_2O_3　(3) MnO_2　(4) MnO_4^{2-}　(5) MnO_4^-。

解析

(1) Mn^{2+}：錳的氧化數為 $+2$。

(2) Mn_2O_3：$O = -2$，設Mn的氧化數為 y，

$y \times 2 + (-2) \times 3 = 0$，故$y = +3$。

(3) MnO_2：$O = -2$，設Mn的氧化數為 y，

$y \times 1 + (-2) \times 2 = 0$，故$y = +4$。

(4) MnO_4^{2-}：$O = -2$，設Mn的氧化數為 y，

$y \times 1 + (-2) \times 4 = -2$，故$y = +6$。

(5) MnO_4^-：$O = -2$，設Mn的氧化數為 y，

$y \times 1 + (-2) \times 4 = -1$，故$y = +7$。

從以上的計算中可看出，錳（Mn）的氧化數可以有 $+2$，$+3$，$+4$，$+6$，$+7$。

重要觀念建立 2-9

下列磷化合物中，磷原子的氧化數各為多少？

(1) P_4　(2) P_4O_6　(3) H_3PO_3　(4) H_3PO_4　(5) $H_4P_2O_7$　(6) Na_2HPO_4。

(1) P_4：磷的氧化數為0。

(2) P_4O_6：$O = -2$，設P的氧化數為 y，

$y \times 4 + (-2) \times 6 = 0$，故 $y = +3$。

(3) H_3PO_3：$H = +1$、$O = -2$，設P的氧化數為 y，

$1 \times 3 + y \times 1 + (-2) \times 3 = 0$，故 $y = +3$。

(4) H_3PO_4：$H = +1$、$O = -2$，設P的氧化數為 y，

$1 \times 3 + y \times 1 + (-2) \times 4 = 0$，故 $y = +5$。

(5) $H_4P_2O_7$：$H = +1$、$O = -2$，設P的氧化數為 y，

$1 \times 4 + y \times 2 + (-2) \times 7 = 0$，故 $y = +5$。

(6) Na_2HPO_4：$Na = +1$、$H = +1$、$O = -2$，設P的氧化數為 y，

$1 \times 2 + 1 \times 1 + y \times 1 + (-2) \times 4 = 0$，故 $y = +5$。

重要觀念建立 2-10

寫出下列各化合物中劃底線之元素的氧化數。

(1) $\underline{Au}$　(2) $\underline{H_2}$　(3) $\underline{Cu}^{2+}$　(4) $\underline{O}F_2$　(5) $K\underline{O_2}$　(6) $\underline{N}H_3$　(7) $H\underline{F}$

(8) $Na\underline{H}$　(9) $Ca\underline{H_2}$　(10) $\underline{C}H_4$　(11) $H\underline{C}OOH$　(12) $\underline{C}H_3OH$

(13) $\underline{S_4}O_6^{2-}$　(14) $H_2\underline{S_2}O_5$　(15) $Na_2\underline{B_4}O_7 \cdot 10H_2O$。

---

(1) 0 （元素態的任何物質，氧化數皆為0。）

(2) 0 （元素態的任何物質，氧化數皆為0。）

(3) + 2（單原子離子，元素的氧化數即為離子的電荷數。）

(4) + 2（$y×1 + (-1)×2 = 0$，故$y = + 2$。）

(5) −1/2（$1×1 + y×2 = 0$，故$y = -1/2$。）

(6) −3（$y×1 + 1×3 = 0$，故$y = -3$。）

(7) + 1（$y×1 + (-1)×1 = 0$，故$y = + 1$。）

(8) −1（$1×1 + y×1 = 0$，故$y = -1$。）

(9) −1（$2×1 + y×2 = 0$，故$y = -1$。）

(10) −4（$y×1 + 1×4 = 0$，故$y = -4$。）

(11) + 2（$y×1 + 1×2 + (-2)×2 = 0$，故$y = + 2$。）

(12) −2（$y×1 + 1×4 + (-2)×1 = 0$，故$y = -2$。）

(13) + 2.5（$y×4 + (-2)×6 = -2$，故$y = + 2.5$。）

(14) + 4（$1×2 + y×2 + (-2)×5 = 0$，故$y = + 4$。）

(15) + 3（$1×2 + y×4 + (-2)×7 = 0$，故$y = + 3$。）

重要觀念建立 2-11

在不同濃度的硝酸溶液中通入硫化氫，會產生下列不同的反應
如下：

（甲）$2 HNO_{3(aq)} + H_2S_{(g)} \rightarrow S_{(s)} + 2 NO_{2(g)} + 2 H_2O_{(l)}$

（乙）$2 HNO_{3(aq)} + 3 H_2S_{(g)} \rightarrow 3 S_{(s)} + 2 NO_{(g)} + 4 H_2O_{(l)}$

（丙）$2 HNO_{3(aq)} + 4 H_2S_{(g)} \rightarrow 4 S_{(s)} + NH_4NO_{3(aq)} + 3 H_2O_{(l)}$

（丁）$2 HNO_{3(aq)} + 5 H_2S_{(g)} \rightarrow 5 S_{(s)} + N_{2(g)} + 6 H_2O_{(l)}$

上列氧化還原反應，若只針對硝酸，氮的氧化數有改變的，將
其單一氮原子的氧化數改變的差距，由大到小依序排列爲何？

(甲) $2\,HNO_{3(aq)} + H_2S_{(g)} \rightarrow S_{(s)} + 2\,\underline{N}O_{2(g)} + 2\,H_2O_{(l)}$

　　$N = +5 \rightarrow N = +4$，單一氮原子的氧化數改變的差距為1。

(乙) $2\,HNO_{3(aq)} + 3\,H_2S_{(g)} \rightarrow 3\,S_{(s)} + 2\,\underline{N}O_{(g)} + 4\,H_2O_{(l)}$

　　$N = +5 \rightarrow N = +2$，單一氮原子的氧化數改變的差距為3。

(丙) $2\,H\underline{N}O_{3(aq)} + 4\,H_2S_{(g)} \rightarrow 4\,S_{(s)} + \underline{N}H_4NO_{3(aq)} + 3\,H_2O_{(l)}$

　　$N = +5 \rightarrow N = -3$，單一氮原子的氧化數改變的差距為8。

(丁) $2\,H\underline{N}O_{3(aq)} + 5\,H_2S_{(g)} \rightarrow 5\,S_{(s)} + \underline{N}_{2(g)} + 6\,H_2O_{(l)}$

　　$N = +5 \rightarrow N = 0$，單一氮原子的氧化數改變的差距為5。

單一氮原子的氧化數改變的差距，由大到小依序排列為：(丙) (丁) (乙) (甲)。

3 氧化與還原

一、定義

	國中探討方式		高中探討方式
	狹義	廣義	實用
氧化反應	物質得到氧的反應	失去電子的反應	氧化數增加的反應
還原反應	物質失去氧的反應	得到電子的反應	氧化數減少的反應

氧化還原反應必同時發生，其中亦伴隨氧化數的增減，如以下舉例。

例1

氧化反應（Mg被氧化，Mg氧化數增加：$0 \rightarrow +2$）

$$0 \qquad\qquad +2$$
$$2\,\underline{Mg} + \underline{C}O_2 \rightarrow 2\,\underline{Mg}O + \underline{C}$$
$$\quad +4 \qquad\qquad 0$$

還原反應（C被還原，C氧化數減少：$+4 \rightarrow 0$）

例2

氧化反應（C被氧化，C氧化數增加：$0 \rightarrow +4$）

$$0 \qquad\quad +4$$
$$\underline{C} + 2\,\underline{Cu}O \rightarrow \underline{C}O_2 + 2\,\underline{Cu}$$
$$\quad +2 \qquad\qquad 0$$

還原反應（Cu被還原，Cu氧化數減少：$+2 \rightarrow 0$）

例3

氧化反應（Na被氧化，Na氧化數增加：$0 \rightarrow +1$）

$$0 \qquad\quad +1$$
$$2\,\underline{Na} + \underline{Cl}_2 \rightarrow 2\,\underline{Na}\,\underline{Cl}$$
$$\quad 0 \qquad\qquad -1$$

還原反應（Cl被還原，Cl氧化數減少：$0 \rightarrow -1$）

4 自身氧化還原反應

化學反應中，某元素在反應後一部分氧化數增加，一部分氧化數減少的反應，稱爲「自身氧化還原反應」。

例1

氧化反應（I被氧化，I氧化數增加：$0 \to +5$）

$$3 \underline{I}_2 + 6\,OH^- \to 5\,\underline{I}^- + \underline{I}O_3^- + 3\,H_2O$$

（上方標示 0 與 $+5$，下方標示 0 與 -1）

還原反應（I被還原，I氧化數減少：$0 \to -1$）

上述反應式中，I_2 既可氧化成 IO_3^-，又可還原成 I^-，因此稱爲「自身氧化還原反應」。但若將上式倒寫成 $5\,I^- + IO_3^- + 3\,H_2O \to 3\,I_2 + 6\,OH^-$，則不爲自身氧化還原反應。

例2

氧化反應（P被氧化，P氧化數增加：$0 \to +1$）

$$\underline{P}_4 + 3\,OH^- + 3\,H_2O \to \underline{P}H_3 + 3\,H_2\underline{P}O_2^-$$

（上方標示 0 與 $+1$，下方標示 0 與 -3）

還原反應（P被還原，P氧化數減少：$0 \to -3$）

上述反應式中，P_4既可氧化成$H_2PO_2^-$，又可還原成PH_3，因此亦可稱為「自身氧化還原反應」。但若將上式倒寫成 $PH_3 + 3\ H_2PO_2^- \rightarrow P_4 + 3\ OH^- + 3\ H_2O$，則不為自身氧化還原反應。

以上介紹完氧化反應及還原反應後，緊接著要登場的就是在化學反應式中的兩大主角——「氧化劑」及「還原劑」。

一、氧化劑的特色

 (1) 將他物氧化，而本身還原者。

 (2) 提高他物氧化數，而降低本身氧化數。

 (3) 本身獲得電子之物質。

二、還原劑的特色

 (1) 將他物還原，而本身氧化者。

 (2) 降低他物氧化數，而提高本身氧化數。

 (3) 本身失去電子之物質。

重要觀念建立 2-12

此化學反應式中 $2\ Mg + CO_2 \rightarrow 2\ MgO + C$，何者為氧化劑？何者為還原劑？

$$\begin{array}{c} 0 \longrightarrow +2 \\ 2\underline{Mg} + \underline{C}O_2 \rightarrow 2\underline{Mg}O + \underline{C} \\ +4 \longrightarrow 0 \end{array}$$

此反應式中CO_2為氧化劑，原因如下：

(1) 將Mg氧化為MgO，CO_2本身還原為C。

(2) 使Mg氧化數提高（0 → ＋2），降低本身C之氧化數（＋4 → 0）。

(3) 本身獲得電子（C^{4+} → C）。

此反應式中Mg為還原劑，原因如下：

(1) 將CO_2還原為C，Mg本身氧化為MgO。

(2) 降低C之氧化數（＋4 → 0），使Mg本身氧化數提高（0 → ＋2）。

(3) 本身失去電子（Mg → Mg^{2+}）。

三、氧化劑及還原劑之條件

　　(1) 氧化數若已達最高，只能作為氧化劑。

　　　　例如：$KMnO_4$、$K_2Cr_2O_7$、H_2SO_4 等。

　　(2) 氧化數若已達最低，只能作為還原劑。

　　　　例如：H_2S、NH_3、Na 等。

　　(3) 氧化數若介於最高至最低之間，則可作為氧化劑，亦可作為還原劑。

　　　　例如：H_2O_2、SO_2 等。

重要觀念建立 2-13

以下兩反應式，何項 H_2O_2 為氧化劑？何項 H_2O_2 為還原劑？

(1) $H_2O_2 + 2 I^- + 2 H^+ \rightarrow I_2 + 2 H_2O$

(2) $5 H_2O_2 + 2 MnO_4^- + 6 H^+ \rightarrow 5 O_2 + 2 Mn^{2+} + 8 H_2O$。

解析

(1) 式中 H_2O_2 為氧化劑，使碘離子氧化成碘分子，本身還原為水。

(2) 式中 H_2O_2 為還原劑，使Mn還原（氧化數：$+7 \rightarrow +2$），本身被氧化而釋出氧氣。

重要觀念建立 2-14

$I_2 + 2 S_2O_3^{2-} \rightarrow 2 I^- + S_4O_6^{2-}$ 在此反應式中，何者為氧化劑？何者為還原劑？

解析

反應過程中，I氧化數下降，且S氧化數提高，故 I_2 為氧化劑，$S_2O_3^{2-}$ 為還原劑。

重要觀念建立 2-15

下列哪一組物質皆可作為氧化劑？

(A) $KMnO_4$、Fe、PbO_2

(B) MnO_2、Fe^{3+}、Mg

(C) H_2O_2、HCl、Br_2

(D) $K_2Cr_2O_7$、Cl_2、HNO_3。

解析

答案為D。

要為氧化劑，其氧化數必不能為最低氧化數，其氧化數必須要有降低的空間。

(A) Fe已達最低氧化數，不能再降低。

(B) Mg已達最低氧化數，不能再降低。

(C) HCl中的Cl^-已達最低氧化數，不能再降低。

(D) 三者氧化數皆有降低的空間，如$K_2Cr_2O_7$（Cr：＋6 → ＋3）、Cl_2（0 → −1）、HNO_3（N：＋5 → ＋4或＋2）。

四、常見的氧化劑及其產物

氧化劑	產物	轉移電子數
$KMnO_4$（紫黑色）	Mn^{2+}（粉紅色）	5
$KMnO_4$（紫黑色）	MnO_2（棕黑色）	3
$KMnO_4$（紫黑色）	MnO_4^{2-}（綠色）	1
MnO_2（棕黑色）	Mn^{2+}（粉紅色）	2
$K_2Cr_2O_7$（橙色）	Cr^{3+}（綠色）	6
H_2SO_4	SO_2	2
HNO_3	NO_2	1
HNO_3	NO	3
H_2O_2	H_2O	2
O_2	H_2O，OH^-	4
Fe^{3+}（黃色）	Fe^{2+}（綠色）	1
X_2 鹵素（Cl_2、Br_2……）	X^-	2

五、常見的還原劑及其產物

還原劑	產物	轉移電子數
鹼金屬 M（Na、K……）	M^+	1
鹼土金屬 M（Mg、Ca……）	M^{2+}	2
SO_2、HSO_3^-、SO_3^{2-}	SO_4^{2-}	2
$S_2O_3^{2-}$	$S_4O_6^{2-}$、SO_4^{2-}	1、8
H_2S	S	2
NO_2^-	NO_3^-	2
$C_2O_4^{2-}$	CO_2	2
H_2O_2	O_2	2
Al	Al^{3+}	3
Sn^{2+}	Sn^{4+}	2
Fe^{2+}（綠色）	Fe^{3+}（黃色）	1
X^-（Cl^-、Br^-……）	X_2	1

重要觀念建立 2-16

下列反應式中，哪幾項必須要有氧化劑的加入？哪幾項必須要有還原劑的加入？

(1) $KMnO_4 \rightarrow MnSO_4$

(2) $SO_2 \rightarrow SO_3$

(3) $KMnO_4 \rightarrow MnO_2$

(4) $C_2O_4^{2-} \rightarrow CO_2$

(5) $MnO_2 \rightarrow MnCl_2$

(6) $H_2O_2 \rightarrow O_2$

(7) $K_2Cr_2O_7 \rightarrow Cr^{3+}$

(8) $SnCl_2 \rightarrow SnCl_4$

(9) $HNO_3 \rightarrow NO_2$

(10) $Fe(OH)_2 \rightarrow Fe(OH)_3$

(11) $KIO_3 \rightarrow KI$

(12) $K_4Fe(CN)_6 \rightarrow K_3Fe(CN)_6$

(13) $I_2 \rightarrow KI$

(14) $HCl \rightarrow Cl_2$

(15) $PbO_2 \rightarrow PbSO_4$

(16) $N_2O_4 \rightarrow N_2$。

解析

反應式(1)(3)(5)(7)(9)(11)(13)(15)皆為氧化數下降，故需還原劑的加入。

反應式(2)(4)(6)(8)(10)(12)(14)(16)皆為氧化數上升，故需氧化劑的加入。

6 氧化還原方程式之平衡

平衡氧化還原方程的原則：

(1) 原子不滅。

(2) 電荷不滅。

(3) 氧化劑與還原劑的氧化數改變總量相同。

以下介紹兩種氧化還原方程式之平衡法皆是利用以上三點原則：

(1) 氧化數平衡法。

(2) 半反應法。

一、氧化數平衡法

步驟1：列出主要反應物及生成物。

步驟2：找出氧化劑及還原劑。

步驟3：標出元素之氧化數。

步驟4：將元素反應前與反應後變動的氧化數差值算出。

步驟5：以最小公倍數平衡氧化數的變化，平衡該元素的原子數目，使氧化數淨變化為0。

步驟6：平衡兩端電荷，酸性溶液用H^+平衡電荷，鹼性溶液用OH^-平衡電荷。

步驟7：用H_2O平衡H與O原子。

例1　過錳酸鉀在酸性溶液中與硫酸亞鐵的反應為何？

步驟1：列出主要反應物及生成物。

步驟2：找出氧化劑及還原劑。

此反應式暫時寫成：$Fe^{2+} + MnO_4^- \rightarrow Fe^{3+} + Mn^{2+}$

（還原劑）（氧化劑）

步驟3：標出元素之氧化數。

步驟4：將元素反應前與反應後變動的氧化數差值算出。

$$\overset{+1}{\overbrace{\hphantom{xxxxxxxxxxxxxxx}}}$$

$$\underset{+7}{\underline{\overset{+2}{Fe}^{2+}} + \underline{MnO_4^-}} \rightarrow \underset{+2}{\underline{\overset{+3}{Fe}^{3+}} + \underline{Mn}^{2+}}$$

$$\underset{-5}{\underbrace{\hphantom{xxxxxxxxxxxxxxx}}}$$

步驟5：以最小公倍數平衡氧化數的變化，平衡該元素的原子數目，使氧化
　　　　數淨變化為0。

$$\overset{(+1)\times 5 = +5}{\overbrace{\hphantom{xxxxxxxxxxxxxxx}}}$$

$$5\,\underset{+7}{\underline{\overset{+2}{Fe}}^{2+}} + \underline{MnO_4^-} \rightarrow 5\,\underset{+2}{\underline{\overset{+3}{Fe}}^{3+}} + \underline{Mn}^{2+}$$

$$\underset{(-5)\times 1 = -5}{\underbrace{\hphantom{xxxxxxxxxxxxxxx}}}$$

步驟6：平衡兩端電荷，酸性溶液用H^+平衡電荷，鹼性溶液用OH^-平衡電荷。

$$5\,Fe^{2+} + MnO_4^- + 8\,H^+ \rightarrow 5\,Fe^{3+} + Mn^{2+}$$

步驟7：用H_2O平衡H與O原子。

$$5\,Fe^{2+} + MnO_4^- + 8\,H^+ \rightarrow 5\,Fe^{3+} + Mn^{2+} + 4\,H_2O$$

例2 試利用氧化數法平衡 $MnO_4^- + C_2O_4^{2-} + H^+ \rightarrow$

步驟1：列出主要反應物及生成物。

步驟2：找出氧化劑及還原劑。

此反應式暫時寫成：$MnO_4^- + C_2O_4^{2-} + H^+ \rightarrow Mn^{2+} + CO_2$

（氧化劑） （還原劑）

步驟3：標出元素之氧化數。

步驟4：將元素反應前與反應後變動的氧化數差值算出。

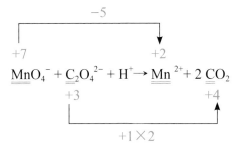

步驟5：以最小公倍數平衡氧化數的變化，平衡該元素的原子數目，使氧化數淨變化為0。

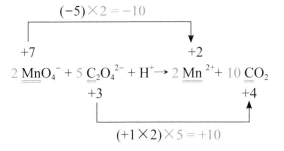

步驟6：平衡兩端電荷，酸性溶液用H$^+$平衡電荷，鹼性溶液用OH$^-$平衡電荷。

$$2\ MnO_4^- + 5\ C_2O_4^{2-} + 16\ H^+ \rightarrow 2\ Mn^{2+} + 10\ CO_2$$

步驟7：用H$_2$O平衡H與O原子。

$$2\ MnO_4^- + 5\ C_2O_4^{2-} + 16\ H^+ \rightarrow 2\ Mn^{2+} + 10\ CO_2 + 8\ H_2O$$

二、半反應法

步驟1：分別列出氧化半反應式與還原半反應式。

步驟2：平衡有氧化數改變的原子數目。

步驟3：用H$_2$O平衡O原子。

步驟4：用H$^+$平衡H原子。（ps. 鹼性溶液則以OH$^-$及H$_2$O平衡。）

步驟5：用e$^-$平衡電荷。

步驟6：以最小公倍數平衡e$^-$的變化，使兩個半反應式的得失電子數相同。

步驟7：將兩個半反應式相加，消去電子，即可得到總反應式。

例1　平衡過錳酸鉀氧化濃鹽酸產生氯氣的化學反應方程式

步驟1：分別列出氧化半反應式與還原半反應式。

氧化：$Cl^- \rightarrow Cl_2$

還原：$MnO_4^- \rightarrow Mn^{2+}$

步驟2：平衡有氧化數改變的原子數目。

氧化：$2 \, Cl^- \rightarrow Cl_2$

還原：$MnO_4^- \rightarrow Mn^{2+}$

步驟3：用H_2O平衡O原子。

氧化：$2 \, Cl^- \rightarrow Cl_2$　（無O原子，故不動。）

還原：$MnO_4^- \rightarrow Mn^{2+} + 4 \, H_2O$

步驟4：用H^+平衡H原子。

氧化：$2 \, Cl^- \rightarrow Cl_2$　（無H原子，故不動。）

還原：$8 \, H^+ + MnO_4^- \rightarrow Mn^{2+} + 4 \, H_2O$

步驟5：用e^-平衡電荷。

氧化：$2 \, Cl^- \rightarrow Cl_2 + 2 \, e^-$

還原：$5 \, e^- + 8 \, H^+ + MnO_4^- \rightarrow Mn^{2+} + 4 \, H_2O$

步驟6：以最小公倍數平衡e^-的變化，使兩個半反應式的得失電子數相同。

氧化：$5 \times [\, 2 \, Cl^- \rightarrow Cl_2 + 2 \, e^- \,]$

還原：$2 \times [\, 5e^- + 8 \, H^+ + MnO_4^- \rightarrow Mn^{2+} + 4 \, H_2O \,]$

以最小公倍數平衡e^-的變化後，

氧化：$10 \, Cl^- \rightarrow 5 \, Cl_2 + 10 \, e^-$

還原：$10 \, e^- + 16 \, H^+ + 2 \, MnO_4^- \rightarrow 2 \, Mn^{2+} + 8 \, H_2O$

步驟7：將兩個半反應式相加，消去電子，即可得到總反應式。

氧化：$10 \, Cl^- \rightarrow 5 \, Cl_2 + 10 \, e^-$

$+ \,)$ 還原：$10 \, e^- + 16 \, H^+ + 2 \, MnO_4^- \rightarrow 2 \, Mn^{2+} + 8 \, H_2O$

$$2 \, MnO_4^- + 10 \, Cl^- + 16 \, H^+ \rightarrow 2 \, Mn^{2+} + 5 \, Cl_2 + 8 \, H_2O$$

如上過程所示，最後即可得到總反應式。

例2　試利用半反應法平衡 $MnO_4^- + C_2O_4^{2-} + H^+ \rightarrow$

步驟1：分別列出氧化半反應式與還原半反應式。

氧化：$C_2O_4^{2-} \rightarrow CO_2$

還原：$MnO_4^- \rightarrow Mn^{2+}$

步驟2：平衡有氧化數改變的原子數目。

氧化：$C_2O_4^{2-} \rightarrow 2\ CO_2$

還原：$MnO_4^- \rightarrow Mn^{2+}$

步驟3：用H_2O平衡O原子。

氧化：$C_2O_4^{2-} \rightarrow 2\ CO_2$

還原：$MnO_4^- \rightarrow Mn^{2+} + 4\ H_2O$

步驟4：用H^+平衡H原子。

氧化：$C_2O_4^{2-} \rightarrow 2\ CO_2$

還原：$8\ H^+ + MnO_4^- \rightarrow Mn^{2+} + 4\ H_2O$

步驟5：用e^-平衡電荷。

氧化：$C_2O_4^{2-} \rightarrow 2\ CO_2 + 2\ e^-$

還原：$5\ e^- + 8\ H^+ + MnO_4^- \rightarrow Mn^{2+} + 4\ H_2O$

步驟6：以最小公倍數平衡e^-的變化，使兩個半反應式的得失電子數相同。

氧化：$5 \times [\ C_2O_4^{2-} \rightarrow 2\ CO_2 + 2\ e^-\ ]$

還原：$2 \times [\ 5\ e^- + 8\ H^+ + MnO_4^- \rightarrow Mn^{2+} + 4\ H_2O\ ]$

以最小公倍數平衡e^-的變化後，

氧化：$5\ C_2O_4^{2-} \rightarrow 10\ CO_2 + 10\ e^-$

還原：$10\,e^- + 16\,H^+ + 2\,MnO_4^- \rightarrow 2\,Mn^{2+} + 8\,H_2O$

步驟7：將兩個半反應式相加，消去電子，即可得到總反應式。

氧化：$5\,C_2O_4^{2-} \rightarrow 10\,CO_2 + 10\,e^-$

$+$）還原：$10\,e^- + 16\,H^+ + 2\,MnO_4^- \rightarrow 2\,Mn^{2+} + 8\,H_2O$

$2\,MnO_4^- + 5\,C_2O_4^{2-} + 16\,H^+ \rightarrow 2\,Mn^{2+} + 10\,CO_2 + 8\,H_2O$

如上過程所示，最後即可得到總反應式。

▲即時講堂：
有關氧氣的兩三事

本章重點整理

◎ 氧化數的判斷有一定的規則，需熟記。

◎ 氧化數可為零、正值、負值、分數和小數。

◎ 同一元素，氧化數可能有多種。例如：氧的氧化數可能為-2、-1、$-1/2$、$+1$或$+2$。

◎ 氧化還原反應必同時發生，其中亦伴隨氧化數的增減。氧化數增加的反應為「氧化反應」；氧化數減少的反應為「還原反應」。

◎ 某些元素在化學反應後，會發生「自身氧化還原反應」，使一部分氧化數增加，一部分氧化數減少，如反應式：$3I_2 + 6OH^- \rightarrow 5I^- + IO_3^- + 3H_2O$。

◎ 平衡氧化還原方程式的原則：原子不減、電荷不減、氧化劑與還原劑的氧化數改變總量相同。

◎ 氧化還原方程式的平衡法有「氧化數平衡法」及「半反應法」。

◎ 「氧化劑」本身發生還原反應，故氧化數減少；而「還原劑」本身發生氧化反應，故氧化數增加。

學習上易犯錯的地方與注意事項

◎不能將氫（H）的氧化數皆視為+1，氧（O）的氧化數皆視為-2，必須依照其化合物搭配的其他元素來判斷氧化數。

◎金屬元素的氧化數必為零或正值，而非金屬元素的氧化數則可為零、負值或正值。

◎「氧化數」的判斷，必須要按照順序：先判斷出恆定值 → 再代入H、O的氧化數 → 求出氧化數。

◎若將「自身氧化還原反應式」倒寫，則不為自身氧化還原反應。

◎「氧化劑」是將他物氧化，而本身還原者；而「還原劑」是將他物還原，而本身氧化者，需釐清觀念勿混淆。

◎依照氧化數可判斷適合當氧化劑或還原劑。氧化數若已達最高，只能作為氧化劑；氧化數若已達最低，只能作為還原劑；氧化數若介於最高至最低之間，則可作為氧化劑，亦可作為還原劑。

◎氧化還原方程式的平衡法有兩種──「氧化數平衡法」及「半反應法」，皆需各別依照其步驟按順序完成方程式的平衡，若更動平衡步驟的順序，有可能會平衡錯誤，故需多多練習並熟練平衡步驟，方可題題迎刃而解。

第三章　氧化還原滴定

本章導讀

氧化劑和還原劑，得到和失去的電子數相同嗎？

什麼是當量？什麼又是當量數？

滴定是什麼？

氧化還原反應的滴定實驗怎麼做？

碘滴定法和澱粉有什麼關係呢？

讀完本章，你就知道，原來這就是「滴定」！

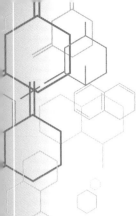

學習概念圖

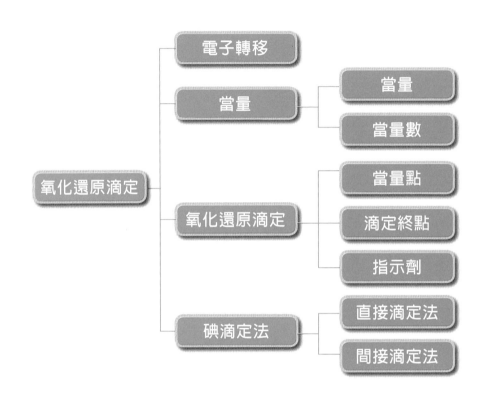

氧化還原滴定 ── 電子轉移
　　　　　　 ── 當量 ── 當量
　　　　　　　　　　　── 當量數
　　　　　　 ── 氧化還原滴定 ── 當量點
　　　　　　　　　　　　　　 ── 滴定終點
　　　　　　　　　　　　　　 ── 指示劑
　　　　　　 ── 碘滴定法 ── 直接滴定法
　　　　　　　　　　　　 ── 間接滴定法

化學課時，王虹老師宣布著：「各位同學，下禮拜我們要到實驗室做實驗囉！本次的實驗主題是要進行氧化還原滴定。」

阿輝有點納悶地問道：「氧化還原滴定，聽起來跟之前學的酸鹼中和滴定好像喔！它們是一樣的東西嗎？」

王虹老師解釋說：「很棒喔！阿輝有聽出關鍵字，就是『滴定』。其實，不論是酸鹼中和還是氧化還原的實驗，相同之處就是使用的方式都是『滴定』，滴定反應的實驗方法就是需要使用指示劑，藉由指示劑的變色來判斷反應是否已達滴定終點！。」

「哇！太棒了！我最愛化學實驗課了！」大雄難掩興奮的心情大叫著。

王虹老師看著大雄，揮手暗示他坐下保持安靜，並想到了自己當年讀高中時的往事，說道：「看到大雄興奮的模樣，就好像看到當年讀高中的我。」並繼續說道：「很多同學老愛問我，為什麼我要讀化學工程學系，是吧？」

王虹老師決定不賣關子了，說道：「那是因為讀高中時的我就像大雄一樣，最愛做化學實驗了，每次親眼看到化學變化在我眼前發生，我就開心地想灑花轉圈圈，真是太刺激太有趣了。希望同學們也能像老師一樣找到自己的興趣，將來大學就讀自己喜歡的科系喔！」

大雄馬上說道：「老師，那我要開始改口叫妳『學姐』囉！因為我決定以後也要跟妳讀一樣的科系啦！」

王虹老師笑開懷：「好啊！歡迎你喔，大雄學弟！」

在氧化還原反應中，氧化劑獲得的總電子數必須等於還原劑提供的總電子數。各原子的得失電子數可由氧化還原反應式中，其氧化數的變化得知。

重要觀念建立 3-1

$6\,Fe^{2+} + Cr_2O_7^{2-} + 14\,H^+ \rightarrow 6\,Fe^{3+} + 2\,Cr^{3+} + 7\,H_2O$

上述反應式中，其轉移電子的總數為何？

解析

$6\,Fe^{2+} \rightarrow 6\,Fe^{3+} + 6\,e^-$

$Cr_2O_7^{2-} + 14\,H^+ + 6\,e^- \rightarrow 2\,Cr^{3+} + 7\,H_2O$

還原劑（Fe^{2+}）提供了6個電子，氧化劑（$Cr_2O_7^{2-}$）得到了6個電子，故共有6個電子轉移。

重要觀念建立 3-2

$MnO_4^- + H_2O_2 \rightarrow Mn^{2+} + O_2$（未平衡）

上述未平衡之反應式中，其電子的轉移共有幾個？

解析

(1)式：$MnO_4^- + 8\,H^+ + 5\,e^- \rightarrow Mn^{2+} + 4\,H_2O$

(2)式：$H_2O_2 \rightarrow O_2 + 2 H^+ + 2 e^-$

(1)式 x 2：$2 MnO_4^- + 16 H^+ + 10 e^- \rightarrow 2 Mn^{2+} + 8 H_2O$

(2)式 x 5：$5 H_2O_2 \rightarrow 5 O_2 + 10 H^+ + 10 e^-$

總反應式：$2 MnO_4^- + 5 H_2O_2 + 6 H^+ \rightarrow 2 Mn^{2+} + 5 O_2 + 8 H_2O$

還原劑（H_2O_2）提供了10個電子，氧化劑（MnO_4^-）得到了10個電子，故共有10個電子轉移。

　　以下提供常見之反應式中電子轉移的情形

氧化劑 還原劑	生成物	氧化數 變化量	計量 係數	電子轉 移總數	反應式
$Cr_2O_7^{2-}$	Cr^{3+}	-6	1	6	$6 Fe^{2+} + Cr_2O_7^{2-} + 14 H^+$ $\rightarrow 6 Fe^{3+} + 2 Cr^{3+} + 7 H_2O$
Fe^{2+}	Fe^{3+}	$+1$	6		
$Cr_2O_7^{2-}$	Cr^{3+}	-6	2	6	$5 C_2O_4^{2-} + Cr_2O_7^{2-} + 14 H^+$ $\rightarrow 10 CO_2 + 2 Cr^{3+} + 7 H_2O$
$C_2O_4^{2-}$	CO_2	$+2$	6		
MnO_4^-	Mn^{2+}	-5	1	5	$5 Fe^{2+} + MnO_4^- + 8 H^+$ $\rightarrow 5 Fe^{3+} + Mn^{2+} + 4 H_2O$
Fe^{2+}	Fe^{3+}	$+1$	5		
MnO_4^-	Mn^{2+}	-5	2	10	$5 C_2O_4^{2-} + 2 MnO_4^- + 16 H^+$ $\rightarrow 10 CO_2 + 2 Mn^{2+} + 8 H_2O$
$C_2O_4^{2-}$	CO_2	$+2$	5		
MnO_4^-	Mn^{2+}	-5	2	10	$5 H_2O_2 + 2 MnO_4^- + 6 H^+$ $\rightarrow 5 O_2 + 2 Mn^{2+} + 8 H_2O$
H_2O_2	O_2	$+2$	5		
MnO_4^-	MnO_2	-3	2	6	$3 SO_3^{2-} + 2 MnO_4^- + H_2O$ $\rightarrow 3 SO_4^{2-} + 2 MnO_2 + 2 OH^-$
SO_3^{2-}	SO_4^{2-}	$+2$	3		

一、當量

	氧化劑的當量	還原劑的當量
定義	氧化劑獲得 1 mol 電子所需之質量	還原劑提供 1 mol 電子所需之質量
計算	當量 = $\dfrac{氧化劑分子量或式量}{獲得電子數}$	當量 = $\dfrac{還原劑分子量或式量}{提供電子數}$
重要觀念建立	(1) $KMnO_4 + 5\ e^- \rightarrow Mn^{2+}$ $KMnO_4$ 的當量 $= \dfrac{158}{5} = 31.6$ ⇒ 每 31.6 克可獲得 1 mol 電子 (2) $K_2Cr_2O_7 + 6\ e^- \rightarrow 2\ Cr^{3+}$ $K_2Cr_2O_7$ 的當量 $= \dfrac{294}{6} = 49$ ⇒ 每 49 克可獲得 1 mol 電子	(1) $H_2C_2O_4 \rightarrow 2\ CO_2 + 2\ e^-$ $H_2C_2O_4$ 的當量 $= \dfrac{90}{2} = 45$ ⇒ 每 45 克可提供 1 mol 電子 (2) $H_2O_2 \rightarrow O_2 + 2\ e^-$ H_2O_2 的當量 $= \dfrac{34}{2} = 17$ ⇒ 每 17 克可提供 1 mol 電子

重要觀念建立 3-3

反應 $Mn + FeSO_4 \rightarrow Fe + MnSO_4$ 中，$FeSO_4$ 的反應當量為何？

（式量：$FeSO_4 = 151.84$）

$Fe^{2+} + 2\,e^- \rightarrow Fe$

$FeSO_4的當量 = \dfrac{氧化劑分子量或式量}{獲得電子數} = \dfrac{151.84}{2} = 75.92（克）$

重要觀念建立 3-4

在反應 $2\,MnO_4^- + 3\,SO_3^{2-} + H_2O \rightarrow 2\,MnO_2 + 3\,SO_4^{2-} + 2\,OH^-$ 中，$KMnO_4$ 的當量為何？（原子量：K = 39.1，Mn = 54.9，O = 16.0）

$KMnO_4 + 5\,e^- \rightarrow Mn^{2+}$

$KMnO_4的當量 = \dfrac{氧化劑分子量或式量}{獲得電子數} = \dfrac{158}{5} = 31.6（克）$

重要觀念建立 3-5

在酸性溶液中，$K_2Cr_2O_7$ 生成 Cr^{3+}。試回答下列問題：

（式量：$K_2Cr_2O_7 = 294$）

(1) 需多少克 $K_2Cr_2O_7$ 才可以獲得 1 mol 電子？

(2) 245 克 $K_2Cr_2O_7$ 可以獲得多少 mol 電子？

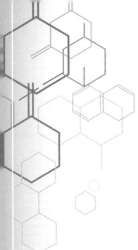

(1) $K_2Cr_2O_7 + 6 e^- \rightarrow 2 Cr^{3+}$

　　$K_2Cr_2O_7$ 的當量 $= \dfrac{式量}{電子數} = \dfrac{294}{6} = 49$（克）

　　$\Rightarrow$ 每49克$K_2Cr_2O_7$可以獲得1 mol 電子

(2) $\dfrac{245}{49} = 5$

　　$\Rightarrow$ 245克$K_2Cr_2O_7$可以獲得5 mol 電子

重要觀念建立 3-6

反應式 $Mn + FeSO_4 \rightarrow Fe + MnSO_4$。試回答下列問題：

（式量：$FeSO_4 = 152$）

(1) 需多少克 $FeSO_4$ 才可以獲得 1 mol 電子？

(2) 608 克 $FeSO_4$ 可以獲得多少 mol 電子？

---

(1) $Fe^{2+} + 2 e^- \rightarrow Fe$

　　$FeSO_4$的當量 $= \dfrac{式量}{電子數} = \dfrac{152}{2} = 76$（克）

　　$\Rightarrow$ 每76克$FeSO_4$可以獲得1 mol 電子

(2) $\dfrac{608}{76} = 8$

　　$\Rightarrow$ 608克$FeSO_4$可以獲得8 mol 電子

重要觀念建立 3-7

酸性水溶液中，下列物質各多少公克時，可獲得 6 mol 電子？

（$K_2Cr_2O_7 = 294$、$KMnO_4 = 158$、$Cl = 35.5$）

(1) $K_2Cr_2O_7$

(2) $KMnO_4$

(3) Cl_2。

 解 析

以下為各物質氧化還原反應時的半反應式：

$$Cr_2O_7^{2-} + 14\,H^+ + 6\,e^- \rightarrow 2\,Cr^{3+} + 7\,H_2O$$

$$MnO_4^- + 8\,H^+ + 5\,e^- \rightarrow Mn^{2+} + 4\,H_2O$$

$$Cl_2 + 2\,e^- \rightarrow 2\,Cl^-$$

(1) $Cr_2O_7^{2-} + 14\,H^+ + 6\,e^- \rightarrow 2\,Cr^{3+} + 7\,H_2O$

   $K_2Cr_2O_7$ 的當量 $= \dfrac{294}{6} = 49$（克）

   ⇒ 每49克$K_2Cr_2O_7$可以獲得1 mol 電子

   ⇒ 欲獲得6 mol 電子，需49×6 = 294 g 的 $K_2Cr_2O_7$

(2) $MnO_4^- + 8\,H^+ + 5\,e^- \rightarrow Mn^{2+} + 4\,H_2O$

   $KMnO_4$的當量 $= \dfrac{158}{5} = 31.6$（克）

   ⇒ 每31.6克$KMnO_4$可以獲得1 mol 電子

   ⇒ 欲獲得6 mol 電子，需31.6×6 = 189.6 g 的 $KMnO_4$

(3) $Cl_2 + 2\,e^- \rightarrow 2\,Cl^-$

   Cl_2的當量 $= \dfrac{71}{2} = 35.5$（克）

⇒ 每35.5克Cl_2可以獲得1 mol 電子

⇒ 欲獲得6 mol 電子，需35.5×6 = 213 g 的 Cl_2

二、當量數

	氧化劑的當量數	還原劑的當量數
定義	氧化劑獲得的電子 mol 數	還原劑提供的電子 mol 數
計算	當量數 = 氧化劑 mol 數 × 獲得電子數 = C_M×V (L)× 獲得電子數 = $\dfrac{物質質量}{當量}$	當量數 = 還原劑 mol 數 × 提供電子數 = C_M×V (L)× 提供電子數 = $\dfrac{物質質量}{當量}$
使用時機	氧化還原滴定終點時（在實際操作滴定實驗時，無法得知真正的當量點，只能用滴定終點判知當量點的大約位置，因此通常以滴定終點當成當量點。）	
	氧化還原當量點 氧化劑當量數 = 還原劑當量數 氧化劑 mol 數 × 獲得電子數 = 還原劑 mol 數 × 提供電子數 C_M×V (L)× 獲得電子數 = C_M×V (L)× 提供電子數	

一、定義：利用滴定管將已知濃度的氧化劑（或還原劑）滴入未知濃度的還原劑（或氧化劑）中，用以測得其濃度。

二、原理：氧化劑獲得的電子數＝還原劑提供的電子數。

（即氧化劑當量數＝還原劑當量數）

三、當量點：當氧化劑當量數與還原劑當量數相等時，即為當量點。

四、滴定終點：當指示劑變色時，即停止滴定，視為滴定終點。[註1]

五、指示劑：

(1) 若本身溶液在滴定前後，顏色變化明顯者，不必另加指示劑。

例如：$KMnO_4$（紫色）→ Mn^{2+}（粉紅色）

(2) 反應中有碘的生成或消耗時，可用澱粉當作指示劑。

(3) 若以$K_2Cr_2O_7$滴定未知濃度的Fe^{2+}溶液時，可用二苯胺磺酸鈉當作指示劑，二苯胺磺酸鈉於還原態時呈無色，而氧化態時呈紫紅色。

重要觀念建立 3-8

取 0.060 M $KMnO_4$ 溶液來滴定 40.0 mL $C_2O_4^{2-}$ 酸性溶液，達到滴定終點時，一共消耗了 $KMnO_4$ 溶液 20.0 mL。則原來 $C_2O_4^{2-}$ 溶液的濃度為多少？

氧化劑 $MnO_4^- + 5\,e^- \rightarrow Mn^{2+}$

還原劑 $C_2O_4^{2-} \rightarrow 2\,CO_2 + 2\,e^-$

氧化劑當量數 = 還原劑當量數

氧化劑mol數×獲得電子數 = 還原劑mol數×提供電子數

$C_M \times V\,(L) \times$ 獲得電子數 $= C_M \times V\,(L) \times$ 提供電子數

$0.060 \times 20.0 \times 10^{-3} \times 5 = C_M \times 40.0 \times 10^{-3} \times 2$

$C_M = 0.075\,(M)$

原來$C_2O_4^{2-}$溶液的濃度 $= 0.075\,M$

重要觀念建立 3-9

滴定 30.0 毫升某 Sn^{2+} 酸性溶液，達滴定終點時共消耗了 10.0 毫升 $KMnO_4$ 溶液 0.12 M，此溶液中 Sn^{2+} 之起始濃度為何？

解析

氧化劑 $MnO_4^- + 5\,e^- \rightarrow Mn^{2+}$

還原劑 $Sn^{2+} \rightarrow Sn^{4+} + 2\,e^-$

氧化劑當量數 = 還原劑當量數

氧化劑mol數×獲得電子數 = 還原劑mol數×提供電子數

$C_M \times V(L) \times$ 獲得電子數 $= C_M \times V(L) \times$ 提供電子數

$0.12 \times 10.0 \times 10^{-3} \times 5 = C_M \times 30.0 \times 10^{-3} \times 2$

$C_M = 0.10\,(M)$

此溶液中Sn^{2+}之起始濃度 $= 0.10\,M$

重要觀念建立 3-10

有一含 Fe^{2+} 離子之水溶液，取相同體積且分別以 0.1 M $KMnO_4$ 或 0.1 M $K_2Cr_2O_7$ 溶液在酸性條件下滴定，達當量點時所用滴定液之體積分別為 X 毫升及 Y 毫升，則 X 與 Y 之比值 $(\dfrac{X}{Y})$ 為何？

解析

以下為各物質氧化還原反應時的半反應式：

$Fe^{2+} \rightarrow Fe^{3+} + e^-$

$MnO_4^- + 8 H^+ + 5 e \rightarrow Mn^{2+} + 4 H_2O$

$Cr_2O_7^{2-} + 14 H^+ + 6 e^- \rightarrow 2 Cr^{3+} + 7 H_2O$

達當量點且還原劑的量固定時，

氧化劑（$KMnO_4$）當量數 = 氧化劑（$K_2Cr_2O_7$）當量數

$C_M \times V(L) \times KMnO_4$獲得電子數 = $C_M \times V(L) \times K_2Cr_2O_7$獲得電子數

$0.1 \times X \times 10^{-3} \times 5 = 0.1 \times Y \times 10^{-3} \times 6$

$\Rightarrow X : Y = 6 : 5$

$\Rightarrow \dfrac{X}{Y} = \dfrac{6}{5}$

重要觀念建立 3-11

若欲在酸性溶液中，以三種溶液 $KMnO_4$、$K_2Cr_2O_7$、H_2O_2 分別將 5 g 的 $FeSO_4$ 完全氧化，則所需 0.5 M 之溶液體積分別為 X 毫升、Y 毫升及 Z 毫升，則其 X、Y、Z 之比為何？（式量：$FeSO_4$ = 152）

以下為各物質氧化還原反應時的半反應式：

$Fe^{2+} \rightarrow Fe^{3+} + e^-$

$MnO_4^- + 8 H^+ + 5 e^- \rightarrow Mn^{2+} + 4 H_2O$

$Cr_2O_7^{2-} + 14 H^+ + 6 e^- \rightarrow 2 Cr^{3+} + 7 H_2O$

$H_2O_2 + 2 H^+ + 2 e^- \rightarrow 2 H_2O$

達當量點且還原劑的量固定時，

氧化劑（$KMnO_4$）當量數 ＝ 氧化劑（$K_2Cr_2O_7$）當量數 ＝ 氧化劑（H_2O_2）當量數

$0.5 \times X \times 10^{-3} \times 5 = 0.5 \times Y \times 10^{-3} \times 6 = 0.5 \times Z \times 10^{-3} \times 2$

$\Rightarrow X : Y : Z = 6 : 5 : 15$

重要觀念建立 3-12

進行氧化還原的滴定實驗，以 0.268 克的 $Na_2C_2O_4$ 來滴定未知濃度的 $KMnO_4$ 溶液，試求：

（式量：$Na_2C_2O_4$ = 134、$KMnO_4$ = 158、$FeSO_4$ = 152）

(1) 當加入 20.0 mL 的 $KMnO_4$ 溶液後，即達滴定終點，求 $KMnO_4$ 溶液的體積莫耳濃度？

(2) 20.0 mL 的 $KMnO_4$ 溶液中含有 $KMnO_4$ 多少克？

(3) 欲使用 $KMnO_4$ 來滴定 0.015 mol 的 $FeSO_4$ 溶液，需要上述 $KMnO_4$ 溶液多少 mL？

解析

(1) 氧化劑 $MnO_4^- + 5\,e^- \rightarrow Mn^{2+}$

還原劑 $C_2O_4^{2-} \rightarrow 2\,CO_2 + 2\,e^-$

$$\frac{0.268}{134} \times 2 = C_M \times 20.0 \times 10^{-3} \times 5$$

$$\Rightarrow C_M = 0.040 \text{ (M)}$$

(2) 質量 $= mol \times$ 式量 $= C_M \times V(L) \times$ 式量

$$= 0.040 \times 20.0 \times 10^{-3} \times 158 = 0.1264 \text{ (克)}$$

(3) 氧化劑 $MnO_4^- + 5\,e^- \rightarrow Mn^{2+}$

還原劑 $Fe^{2+} \rightarrow Fe^{3+} + e^-$

氧化劑當量數 = 還原劑當量數

$$0.040 \times V \times 10^{-3} \times 5 = 0.015 \times 1$$

$$\Rightarrow V = 75 \text{ (mL)}$$

重要觀念建立 3-13

1.30 克礦砂中所含的鉻，先經氧化為 $Cr_2O_7^{2-}$，再以 40.0 毫升 2.15 M 的 Fe^{2+} 來還原成 Cr^{3+}；未反應的 Fe^{2+} 需 80.0 毫升 0.200 M 的酸性 MnO_4^- 溶液，才能完全氧化成 Fe^{3+}。（鉻原子量為 52.0）

(1) 寫出 Fe^{2+} 於酸性溶液中，還原 $Cr_2O_7^{2-}$ 及 MnO_4^- 的兩個平衡方程式。

(2) 未與 $Cr_2O_7^{2-}$ 反應的 Fe^{2+} 為多少莫耳？

(3) 礦砂中鉻的莫耳數為多少？

(4) 礦砂中鉻的重量百分比為多少？

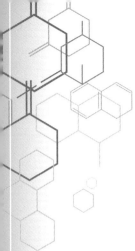

(1) $6\,Fe^{2+} + Cr_2O_7^{2-} + 14\,H^+ \rightarrow 6\,Fe^{3+} + 2\,Cr^{3+} + 7\,H_2O$

$5\,Fe^{2+} + MnO_4^- + 8\,H^+ \rightarrow 5\,Fe^{3+} + Mn^{2+} + 4\,H_2O$

(2) MnO_4^- 的 mol $= C_M \times V(L) = 0.200 \times 80.0 \times 10^{-3} = 0.016$（mol）

氧化劑 $MnO_4^- + 5\,e^- \rightarrow Mn^{2+}$

還原劑 $Fe^{2+} \rightarrow Fe^{3+} + e^-$

氧化劑當量數 = 還原劑當量數

$0.016 \times 5 = n \times 1$

$\Rightarrow n = 0.080$（mol）

(3) 氧化劑 $Cr_2O_7^{2-} + 6\,e^- \rightarrow 2\,Cr^{3+}$

還原劑 $Fe^{2+} \rightarrow Fe^{3+} + e^-$

氧化劑當量數 = 還原劑當量數

氧化劑mol數（$Cr_2O_7^{2-}$）$\times 6$ + 氧化劑mol數（MnO_4^-）$\times 5$ = 還原劑mol數 $\times 1$

氧化劑mol數（$Cr_2O_7^{2-}$）$\times 6 + 0.016 \times 5 = 2.15 \times 40.0 \times 10^{-3} \times 1$

$\Rightarrow$ 氧化劑mol數（$Cr_2O_7^{2-}$）$= 0.001$（mol）

$\because Cr_2O_7^{2-} + 6\,e^- \rightarrow 2\,Cr^{3+}$

$\therefore$ Cr 的莫耳數 $= 0.001 \times 2 = 0.002$（mol）

(4) 所求 $= \dfrac{0.002 \times 52}{1.3} \times 100\% = 8\,\%$

重要觀念建立 3-14

乙二酸氫鈉（$NaHC_2O_4$）溶液 20 mL，在硫酸溶液中以 0.02 M 過錳酸鉀溶液滴定時需 40 mL，同一乙二酸氫鈉溶液 20 mL，以 0.1 M NaOH 溶液滴定時，需用幾毫升方可達到當量點？

解析

【氧化還原滴定】

氧化劑 $MnO_4^- + 5\,e^- \rightarrow Mn^{2+}$

還原劑 $C_2O_4^{2-} \rightarrow 2\,CO_2 + 2\,e^-$

氧化劑當量數 = 還原劑當量數

$0.02 \times 40 \times 10^{-3} \times 5 = C_M \times 20 \times 10^{-3} \times 2$

$\Rightarrow C_M = 0.1$（M）

【酸鹼中和滴定】

$NaHC_2O_4 + NaOH \rightarrow Na_2C_2O_4 + H_2O$

H^+的mol數 = OH^-的mol數

$0.1 \times 20 \times 10^{-3} \times 1 = 0.1 \times V \times 10^{-3} \times 1$

$\Rightarrow V = 20$（mL）

重要觀念建立 3-15

已知 0.15 M 的 NaOH 標準溶液 30 mL，可滴定 45 mL 的 $H_2C_2O_4$ 溶液至完全中和。在酸性條件下，25 mL 的此 $H_2C_2O_4$ 溶液，可與 25 mL 的 $KMnO_4$ 溶液完成氧化還原反應。則此 $KMnO_4$ 溶液之濃度為何？

第三章 氧化還原滴定

79

解析

【酸鹼中和滴定】

$H_2C_2O_4 + 2\ NaOH \rightarrow Na_2C_2O_4 + 2\ H_2O$

H^+的mol數 = OH^-的mol數

$C_M \times 45 \times 10^{-3} \times 2 = 0.15 \times 30 \times 10^{-3} \times 1$

$\Rightarrow C_M = 0.05$（M）

【氧化還原滴定】

氧化劑 $MnO_4^- + 5\ e^- \rightarrow Mn^{2+}$

還原劑 $C_2O_4^{2-} \rightarrow 2\ CO_2 + 2\ e^-$

氧化劑當量數 = 還原劑當量數

$C_M{}' \times 25 \times 10^{-3} \times 5 = 0.05 \times 25 \times 10^{-3} \times 2$

$\Rightarrow C_M{}' = 0.02$（M）

4 碘滴定法

　　碘滴定法，是以澱粉為指示劑，利用澱粉遇到碘分子（I_2）呈藍色的特性來滴定。當加入足夠量的硫代硫酸鈉（$Na_2S_2O_3$）時，藍色就會消失，因為碘分子會搶硫代硫酸鈉的電子，而變成碘離子（I^-）和四硫磺酸根（$S_4O_6^{2-}$）。

(1) 直接滴定法：$I_2 + 2\ S_2O_3^{2-} \rightarrow 2\ I^- + S_4O_6^{2-}$。

(2) 間接滴定法：先將過量的碘化鉀（KI）加入於未知濃度的氧化劑中，使碘離子（I^-）先變成碘分子（I_2）後，再利用硫代硫酸鈉滴定至藍色消失。

I$_2$+ I$^-$ → I$_3^-$

S$_2$O$_3^{2-}$+ 澱粉
滴到藍色出現

I$_2$+ S$_2$O$_3^{2-}$ → I$^-$ + S$_4$O$_6^{2-}$

▲【直接滴定法】

過量KI

H$^+$
澱粉

藍色

已知濃度之
S$_2$O$_3^{2-}$

滴到藍色消失

I$_2$+ S$_2$O$_3^{2-}$ → I$^-$ + S$_4$O$_6^{2-}$

▲【間接滴定法】

重要觀念建立 3-16

有一未知濃度的 $Na_2S_2O_3$ 溶液 100 mL，將 I_2 溶於 KI 中配成 1.0 M 的 I_3^- 溶液來滴定之，共用去 30 mL 始達當量點。試求此 $Na_2S_2O_3$ 溶液的濃度為何？

解 析

滴定反應式：$I_2 + 2\,S_2O_3^{2-} \rightarrow 2\,I^- + S_4O_6^{2-}$

氧化劑 $I_2 + 2\,e^- \rightarrow 2\,I^-$

還原劑 $S_2O_3^{2-} \rightarrow \dfrac{1}{2}\,S_4O_6^{2-} + e^-$

氧化劑（I_2）當量數 = 還原劑（$Na_2S_2O_3$）當量數

$C_M \times V(L) \times$ 獲得電子數 $= C_M \times V(L) \times$ 提供電子數

$1.0 \times 30 \times 10^{-3} \times 2 = C_M \times 100 \times 10^{-3} \times 1$

$\Rightarrow C_M = 0.6$ （M）

此$Na_2S_2O_3$溶液的濃度 = 0.6 M

重要觀念建立 3-17

有一未知濃度的 $KMnO_4$ 酸性溶液 50.0 毫升，加入澱粉液及過量的 KI，以 2.0 M 的 $Na_2S_2O_3$ 溶液滴定之，達終點時共消耗了 20.0 毫升。

(1) 寫出其中發生的氧化還原反應式。

(2) 此 $KMnO_4$ 溶液的濃度為何？

解析

(1) $KMnO_4$和KI的反應式：$10\,I^- + 2\,MnO_4^- + 16\,H^+ \rightarrow 5\,I_2 + 2\,Mn^{2+} + 7\,H_2O$

滴定反應式：$I_2 + 2\,S_2O_3^{2-} \rightarrow 2\,I^- + S_4O_6^{2-}$

(2)

氧化劑（得到 e^-）	還原劑（失去 e^-）
$MnO_4^- + 5\,e^- \rightarrow Mn^{2+}$	$2\,I^- \rightarrow I_2 + 2\,e^-$
$I_2 + 2\,e^- \rightarrow 2\,I^-$	$S_2O_3^{2-} \rightarrow \frac{1}{2}\,S_4O_6^{2-} + e^-$

氧化劑（$KMnO_4$）當量數 = 還原劑（$Na_2S_2O_3$）當量數

$C_M \times V(L) \times$ 獲得電子數 $= C_M \times V(L) \times$ 提供電子數

$C_M \times 50 \times 10^{-3} \times 5 = 2.0 \times 20 \times 10^{-3} \times 1$

$\Rightarrow C_M = 0.16$（M）

此$KMnO_4$溶液的濃度 = 0.16 M

重要觀念建立 3-18

未知濃度之酸性過錳酸鉀溶液 30.0 mL（含澱粉）加入過量的碘化鉀，使 $KMnO_4$ 完全還原為 Mn^{2+}，再用 0.05 M 的硫代硫酸鈉滴定，共用去 45.0 mL 滴定後，恰可使藍色消失，試問此過錳酸鉀溶液濃度為何？

解析

氧化劑（得到 e^-）	還原劑（失去 e^-）
$MnO_4^- + 5\,e^- \rightarrow Mn^{2+}$	$2\,I^- \rightarrow I_2 + 2\,e^-$
$I_2 + 2\,e^- \rightarrow 2\,I^-$	$S_2O_3^{2-} \rightarrow \frac{1}{2}\,S_4O_6^{2-} + e^-$

氧化劑（$KMnO_4$）當量數 = 還原劑（$Na_2S_2O_3$）當量數

$C_M \times V(L) \times$ 獲得電子數 $= C_M \times V(L) \times$ 提供電子數

$C_M \times 30 \times 10^{-3} \times 5 = 0.05 \times 45 \times 10^{-3} \times 1$

$\Rightarrow C_M = 0.015$（M）

此 $KMnO_4$ 溶液的濃度 $= 0.015$ M

重要觀念建立 3-19

未知濃度之 H_2O_2 水溶液 50 mL 使之酸化，再與過量之 KI 反應完成後，生成物滴加澱粉液以 0.50 M 之 $Na_2S_2O_3$ 滴定之，當加入 18 mL 時，到達當量點，則此 H_2O_2 水溶液的濃度為何？

解析

氧化劑（得到 e^-）	還原劑（失去 e^-）
$H_2O_2 + 2\,e^- \rightarrow 2\,H_2O$	$2\,I^- \rightarrow I_2 + 2\,e^-$
$I_2 + 2\,e^- \rightarrow 2\,I^-$	$S_2O_3^{2-} \rightarrow \dfrac{1}{2}\,S_4O_6^{2-} + e^-$

氧化劑（H_2O_2）當量數 = 還原劑（$Na_2S_2O_3$）當量數

$C_M \times V(L) \times$ 獲得電子數 = $C_M \times V(L) \times$ 提供電子數

$C_M \times 50 \times 10^{-3} \times 2 = 0.5 \times 18 \times 10^{-3} \times 1$

$\Rightarrow C_M = 0.09$（M）

此 H_2O_2 溶液的濃度 = 0.09 M

重要觀念建立 3-20

0.60 g 未知濃度之 H_2O_2 溶液樣品和過量 KI 澱粉溶液充分反應後，以 0.10 M 之 $Na_2S_2O_3$ 溶液滴定之，當用去 $Na_2S_2O_3$ 溶液 21 mL 時，藍色消失，則 H_2O_2 溶液之重量百分率濃度為何？

解析

氧化劑（得到 e^-）	還原劑（失去 e^-）
$H_2O_2 + 2\,e^- \rightarrow 2\,H_2O$	$2\,I^- \rightarrow I_2 + 2\,e^-$
$I_2 + 2\,e^- \rightarrow 2\,I^-$	$S_2O_3^{2-} \rightarrow \dfrac{1}{2}\,S_4O_6^{2-} + e^-$

氧化劑（H_2O_2）當量數 = 還原劑（$Na_2S_2O_3$）當量數

mol數 x 獲得電子數 = $C_M \times V(L) \times$ 提供電子數

$$\frac{0.60 \times P\%}{34} \times 2 = 0.10 \times 21 \times 10^{-3} \times 1$$

$\Rightarrow P\% = 5.95\ \%$

此H_2O_2溶液之重量百分率濃度 = 5.95 %

重要觀念建立 3-21

未知濃度之的氯水 100 mL，其密度為 1.05 g/cm^3，與過量的 KI 反應後，產生的碘再以 2.0 M 之 $Na_2S_2O_3$ 53 mL 來滴定之，求此氯水中含氯的重量百分率為多少？（原子量：$Cl = 35.5$）

解析

氯與KI反應式：$Cl_2 + 2\ I^- \rightarrow 2\ Cl^- + I_2$

氧化劑（得到 e^-）	還原劑（失去 e^-）
$Cl_2 + 2\ e^- \rightarrow 2\ Cl^-$	$2\ I^- \rightarrow I_2 + 2\ e^-$
$I_2 + 2\ e^- \rightarrow 2\ I^-$	$S_2O_3^{2-} \rightarrow \frac{1}{2}\ S_4O_6^{2-} + e^-$

氧化劑（Cl_2）當量數 = 還原劑（$Na_2S_2O_3$）當量數

mol數 $\times$ 獲得電子數 = $C_M \times V(L) \times$ 提供電子數

$$\frac{100 \times 1.06 \times P\%}{71} \times 2 = 2 \times 53 \times 10^{-3} \times 1$$

$\Rightarrow P\% = 3.55\ \%$

此氯水中含氯的重量百分率 = 3.55 %

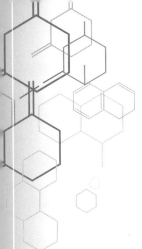

重要觀念建立 3-22

0.8 g 樣品中已知含 $CuSO_4$，將其溶於水後，再使 Cu^{2+} 與含過量 I^- 離子之溶液反應，所生成之 I_2 再以 0.02 M 的 $Na_2S_2O_3$ 溶液來滴定之，共用去了 64 mL，則此樣品中含 $CuSO_4$ 之重量百分率為多少？（原子量：$Cu = 64$，$S = 32$，$O = 16$）

解析

$CuSO_4$ 與 I^- 反應式：$2\,Cu^{2+} + 4\,I^- \rightarrow 2\,CuI + I_2$

氧化劑（得到 e^-）	還原劑（失去 e^-）
$Cu^{2+} + e^- \rightarrow Cu^+$	$2\,I^- \rightarrow I_2 + 2\,e^-$
$I_2 + 2\,e^- \rightarrow 2\,I^-$	$S_2O_3^{2-} \rightarrow \frac{1}{2}\,S_4O_6^{2-} + e^-$

氧化劑（$CuSO_4$）當量數 = 還原劑（$Na_2S_2O_3$）當量數

mol數x 獲得電子數 = $C_M \times V\,(L) \times$ 提供電子數

$$\frac{0.8 \times P\%}{160} \times 1 = 0.02 \times 64 \times 10^{-3} \times 1$$

$\Rightarrow P\% = 25.6\,\%$

此樣品中含 $CuSO_4$ 之重量百分率 = 25.6 %

▲即時講堂：
細數原子與分子

本章重點整理

◎ 在氧化還原反應中，氧化劑獲得的總電子數必須等於還原劑提供的總電子數。

◎ 「氧化劑的當量」為氧化劑獲得1 mol電子所需之質量；「還原劑的當量」為還原劑提供1 mol電子所需之質量。

◎ 「氧化劑的當量數」為氧化劑獲得的電子mol數；「還原劑的當量數」為還原劑提供的電子mol數。

◎ 「氧化還原滴定」是利用滴定管將已知濃度的氧化劑（或還原劑）滴入未知濃度的還原劑（或氧化劑）中，用以測得其濃度。

◎ 「氧化還原滴定」原理：氧化劑獲得的電子數＝還原劑提供的電子數。（即氧化劑當量數＝還原劑當量數）

◎ 「碘滴定法」是以澱粉為指示劑，利用澱粉遇到碘分子（I_2）呈藍色的特性來滴定。

學習上易犯錯的地方與注意事項

◎「當量」≠「當量數」，兩者定義需搞清楚勿混淆。

◎「滴定終點」≠「當量點」，但實際操作滴定實驗時，無法得知真正的當量點，只能用滴定終點判知當量點的大約位置，因此通常以滴定終點當成當量點。

◎「氧化還原滴定實驗」的滴定管是放置已知濃度的氧化劑（或還原劑），而下方錐形瓶則放置未知濃度的還原劑（或氧化劑）。

◎「氧化還原滴定實驗」，若本身溶液在滴定前後，顏色變化明顯者，不必另加指示劑。但若顏色無變化者，可添加適合的指示劑。

◎「碘滴定法」又分為直接滴定法或間接滴定法。

◎本章除了實驗之外，也有許多計算題的部分，有的題目算「當量」、「當量數」，也有題目是計算滴定實驗時氧化劑（或還原劑）的濃度或質量，雖然大部分題目套上公式即可得到解答，但還是要小心計算並注意單位換算。

第四章 電化電池

本章導讀

電化電池和氧化還原有什麼關係？

電化電池是自發反應還是非自發反應？

什麼是電化電池？跟市售乾電池一樣嗎？

電池的電位是怎麼定義出來的？

電池的種類有多少種？

一次電池和二次電池的差別在哪裡？

關於電池的種種疑問，讀完本章，讓你一次就搞定！

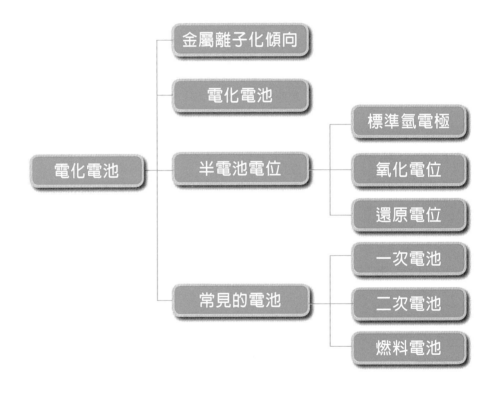

金屬離子化傾向

電化電池

電化電池 ── 半電池電位 ── 標準氫電極 / 氧化電位 / 還原電位

常見的電池 ── 一次電池 / 二次電池 / 燃料電池

化學課時間又到了。

王虹老師問道：「今天要上的單元跟電池有關喔！有人知道最早的電池是誰發明的嗎？」

大家一聽到老師的問題，彷彿心中都有答案，急著搶答。

阿輝：「一定又是牛頓。」

小伶：「是道耳吞嗎？」

大雄：「我猜是愛迪生。」

阿慶：「我好像在哪本書上有看過，是伏打嗎？」

王虹老師：「叮咚！恭喜阿慶答對了，電池就是義大利科學家伏打在1800年發明的。但是在伏打發明電池之前，如果沒有一位解剖學教授的驚人發現，也許電池的發明，不會這麼早問世，甚至根本就不會存在喔！」

阿德馬上發出疑問：「不對啊，解剖學教授，聽起來不是應該是生物方面的專家嗎？怎麼跟電池這類的化學發明扯得上關係呢？」

王虹老師解答道：「是啊！的確聽起來應該是不太相干的兩個學科，卻牽起生物與化學的橋梁。這位義大利的解剖學教授叫做賈法尼，在1780年的某一天，他與助理在解剖青蛙，當銅製解剖刀碰觸到鐵盤上的青蛙腿時，發現青蛙腿有抽搐的現象，賈法尼感到大為驚奇，馬上進行了一系列相關的實驗來研究這個現象，並在1791年公開發表了這個現象，並命名為『動物電』！」

小如想到這樣的場景，忍不住說道：「解剖青蛙，感覺好噁心啊！」

王虹老師繼續說下去：「賈法尼的研究發表後，引起伏打的好奇心，本來就對電力現象有興趣的伏打，也開始研究『動物電』的現象，但隨著兩人實驗設計方式的不同，伏打發現似乎就算不在動物體內，依然可以有

電力作用。所以，爲了驗證他的想法，伏打設計了一組『伏打電堆』，裡面有銅圓板和鋅圓板互相交疊，並在每片中間夾著一片浸過鹽水的濕抹布，最後接上導線，果然成功了，眞的有電流產生了。」

大雄馬上反應說道：「所以，是不是只要利用兩種不同的金屬，透過可以導電的電解液幫忙，再接上導線，就可以通電了呢？」

王虹老師開心的回答：「對喔！大雄說的一點也沒錯，這樣的裝置就稱爲『伏打電池』。」

此時，阿德又疑惑了，舉手提問：「可是現在的電池，跟老師妳形容的『伏打電池』的樣子不太像耶！」

王虹老師繼續解釋：「那是因爲伏打電池是最早的電池模型呀！但仍有部分缺點需要慢慢克服，不過有了伏打電池的問世，後續的科學家才能慢慢改良出越來越適合大家使用的電池喔！」

阿輝打趣說道：「眞是太感謝那隻青蛙腿了，不然沒有電池好不方便喔！」

同學們都覺得阿輝好像擺錯重點了，笑成一團。

1 金屬離子化傾向

化學反應皆涉及能量的轉移，因此藉由氧化還原反應及電能間的相互關係來研究與電有相關的化學反應。

一、金屬離子化傾向

1. 以下為常見金屬離子化的傾向

    Li > K > Ca > Na > Mg > Al > Mn > Zn > Fe > Ni > Sn > Pb > (H_2) > Cu > Hg > Ag > Pt > Au

    由上述金屬離子化的傾向可得知，愈左邊的金屬（如：Li、K、Ca…），愈容易離子化，也就是愈容易失去電子，視為強還原劑（離子狀態則為弱氧化劑）；反之，愈右邊的金屬（如：Au、Pt、Ag…），愈難離子化，也就是愈不容易失去電子，則為弱還原劑（離子狀態則為強氧化劑）。

    因此，將不同的金屬及可溶性鹽類水溶液放置在一起時，由上述金屬離子化的傾向即可推知，是否會發生反應。若有反應發生，則為自發性的氧化還原反應；若無反應發生，則為非自發性反應，此時可藉助外加電壓，使其發生氧化還原反應。

2. 金屬離子化的傾向

強還原劑					弱還原劑
Li、K、Ca、Na	Mg	Al、Mn、Zn、Fe	Ni、Sn、Pb	(H_2)、Cu、Hg、Ag	Pt、Au
可與水反應	無反應				
可與熱水反應		無反應			
可與高溫水蒸氣反應			無反應		
可與鹽酸、稀硫酸反應				無反應	
可與硝酸、濃硫酸反應					無反應
可與王水反應					

解析

答案為D。

金屬離子化的傾向：Mg > Al > Zn > Fe > Cu，且如上表所示，前四者皆可與稀硫酸反應，只有Cu不行。

例1　將金屬鋅片（Zn）放入藍色硫酸銅（$CuSO_4$）溶液一段時間後，金屬鋅會漸漸溶解於溶液中（Zn^{2+}），而附著上紅色的金屬銅（Cu），且藍色的硫酸銅溶液顏色也變淡了。

此反應式為：$Zn_{(s)} + Cu^{2+}_{(aq)} \rightarrow Zn^{2+}_{(aq)} + Cu_{(s)}$（有反應發生，為自發反應）

原因：金屬離子化的傾向Zn > Cu，故反應會向右進行。

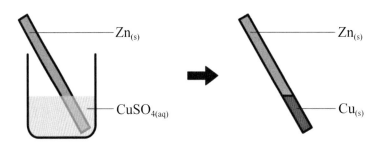

例2　若裝置改為將金屬銅片（Cu）放入硫酸鋅（ZnSO₄）溶液一段時間後，則無明顯反應發生。

此反應式為：$Cu_{(s)} + Zn^{2+}_{(aq)} \rightarrow Cu^{2+}_{(aq)} + Zn_{(s)}$

（無反應發生，為非自發反應）

原因：金屬離子化的傾向 Cu < Zn，故反應無法向右進行。

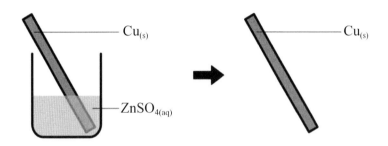

重要觀念建立 4-2

金屬原子的離子化傾向較大者較易成離子。下列與離子化傾向較大的金屬原子相關的敘述，哪些正確？　　　　　【96.學測】

(A) 較易被還原　　　　(B) 較易被氧化

(C) 較易失去電子　　　(D) 較易獲得電子。

解析

答案為BC。

離子化傾向愈大的金屬（例如：$Li \rightarrow Li^{+} + e^{-}$），愈容易失去電子，可視為強還原劑，因此也容易使他物還原，而本身被氧化。

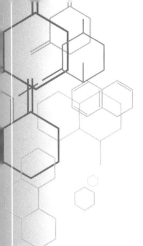

重要觀念建立 4-3

下列各化合物水溶液，濃度皆為 0.1 M，在其中分別加入鋅片，
不起化學作用者應為 　　　　　　　　　　　　　　　【日大】

(A) 硝酸銀　(B) 氯化鎂　(C) 硫酸亞鐵　(D) 硫酸銅。

解析

答案為B。

因為金屬離子化的傾向：Mg > Zn，所以Zn + $MgCl_2 \rightarrow$ 不反應。

重要觀念建立 4-4

下列哪些化學反應是由「單一元素的物質與化合物反應，產生
另一種單一元素的物質和他種化合物」？ 　　　　　【101.學測】

(A) 氫氣還原氧化銅
(B) 一氧化碳在氧中燃燒
(C) 一氧化碳還原氧化銅
(D) 銀棒放入硫酸銅溶液
(E) 鋅棒放入硫酸銅溶液。

解析

答案為AE。

由金屬離子化傾向，可推知下列反應式：

(A) 氫氣還原氧化銅　　$H_2 + CuO \rightarrow Cu + H_2O$

(B) 一氧化碳在氧中燃燒　　$2\,CO + O_2 \rightarrow 2\,CO_2$

(C) 一氧化碳還原氧化銅　　$CO + CuO \rightarrow Cu + CO_2$

(D) 銀棒放入硫酸銅溶液　　$Ag + CuSO_4 \rightarrow$ 不反應

(E) 鋅棒放入硫酸銅溶液　　$Zn + CuSO_4 \rightarrow Cu + ZnSO_4$

由以上反應式中，再挑出符合題目的條件「元素 + 化合物 → 元素 + 化合物」，即為答案。

重要觀念建立 4-5

將一銅線放入裝有硝酸銀溶液的燒杯中，杯口以塑膠膜封住後，靜置一天。試問下列有關此實驗之敘述，哪些是正確的？

(A) 銅線為氧化劑　　　　　　　　　　　　　　　【94. 指考】

(B) 溶液顏色逐漸變深

(C) 銀離子為還原劑

(D) 溶液中液體的質量逐漸減少

(E) 析出的銀與溶解的銅質量相等。

解析

答案為BD。

此反應式為：$Cu_{(s)} + 2\,Ag^+_{(aq)} \rightarrow Cu^{2+}_{(aq)} + 2\,Ag_{(s)}$（有反應發生，為自發反應）

(A)(C)因為金屬離子化傾向Cu > Ag，所以銅線失去電子為還原劑，銀離子得到電子為氧化劑。

(B) 原溶液中的銀離子無色，但反應後產生的銅離子為藍色，因此溶液顏色逐漸變深。

(D) 原溶液中反應物為銀離子，但反應後生成的銅離子，莫耳數僅為銀離子的一半，故溶液中液體的質量逐漸減少。

(E) 析出銀為溶解銅的兩倍莫耳數，所以質量並不相等。

2 電化電池

簡易電池裝置

1. 鋅銅電池：準備兩個燒杯，分別裝入1 M 硫酸鋅及鋅片和1 M 硫酸銅及銅片，用導線連接鋅片和銅片，並架上鹽橋於兩燒杯之間。

2. 電化電池的表示法：陽極∣陽極電解質∥陰極電解質∣陰極

   『∣』：表示不同相之間的界面連接，例如：固相－液相、固相－氣相。

   『∥』：表示半電池間以鹽橋連接。

   鋅銅電池的表示法：$Zn_{(s)} \mid Zn^{2+}_{(aq)} \parallel Cu^{2+}_{(aq)} \mid Cu_{(s)}$ 或也可簡寫為$Zn-Cu^{2+}$。

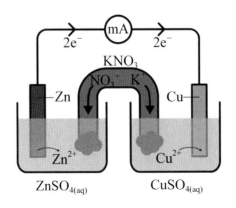

3. 電極：

   (1) 陽極（－）：發生氧化反應，失去電子的電極。

   反應式：$Zn_{(s)} \rightarrow Zn^{2+}_{(aq)} + 2\ e^-$

   (2) 陰極（＋）：發生還原反應，得到電子的電極。

   反應式：$Cu^{2+}_{(aq)} + 2\ e^- \rightarrow Cu_{(s)}$

   (3) 全反應式：$Zn_{(s)} + Cu^{2+}_{(aq)} \rightarrow Zn^{2+}_{(aq)} + Cu_{(s)}$

4. 鹽橋：使用U型玻璃管，內裝有可溶性鹽類（如：硝酸鉀、硝酸銨）的飽和水溶液，目的是為了溝通電路及維持溶液電中性之用。

重要觀念建立 4-6

在銅銀電池中，何者不適合作為鹽橋的內容物？

(A) KNO_3　(B) NH_4NO_3　(C) $NaNO_3$　(D) KCl。

解 析

答案為D。

銅銀電池，陽極（－）：$Cu_{(s)} \rightarrow Cu^{2+}_{(aq)} + 2\ e^-$；

陰極（＋）：$Ag^+_{(aq)} + e^- \rightarrow Ag_{(s)}$

在銀半電池中，會產生反應$Ag^+_{(aq)} + Cl^-_{(aq)} \rightarrow AgCl_{(s)}$，造成氯化銀沉澱。

第四章　電化電池

右圖是鋅銅電池的簡易裝置，下列有關鋅銅電池的敘述，何者正確？　　　　　　　　　　　　　　　　　　　　　【90.學測】

(A)U型管內為電解質溶液

(B)銅極所在燒杯需盛裝鋅鹽的水溶液

(C)電路接通時，溶液中的正離子會游向負極

(D)以伏特計測量電壓時，電壓的正極需接到伏特計的負極。

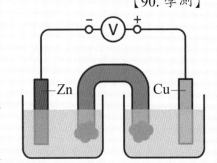

解析

答案為A。

(A) U型管為鹽橋，內裝電解質溶液，目的是為了溝通電路及維持溶液電中性之用。

(B) 銅極所在燒杯需盛裝「銅鹽」的水溶液。

(C) 電路接通時，溶液中的正離子會游向「正極」。

(D) 以伏特計測量電壓時，電壓的正極需接到伏特計的「正極」。

重要觀念建立 4-8

關於鋅銅電池的敘述，下列何者正確？

(A) 裝鹽橋的作用是為了讓電子通過

(B) 鹽橋移開後，則電壓為零

(C) 測量電壓時，伏特計的正端接於鋅極

(D) Zn 失去的電子數等於 Cu^{2+} 得到的電子數

(E) 反應後，陽極減輕的重量等於陰極增加的重量。

解析

答案為BD。

(A) 裝鹽橋的作用是為了「溝通電路及維持溶液電中性之用」。

(B) 鹽橋移開後，無法溝通電路，所以電壓為零。

(C) 測量電壓時，伏特計的正端接於「銅極」。

(D) 陽極（−）：發生氧化反應，失去電子的電極，反應式：

$Zn_{(s)} \rightarrow Zn^{2+}_{(aq)} + 2\,e^-$。

陰極（+）：發生還原反應，得到電子的電極，反應式：

$Cu^{2+}_{(aq)} + 2\,e^- \rightarrow Cu_{(s)}$。

全反應式：$Zn_{(s)} + Cu^{2+}_{(aq)} \rightarrow Zn^{2+}_{(aq)} + Cu_{(s)}$，

故Zn失去的電子數等於Cu^{2+}得到的電子數。

(E) 反應後，雖然陽極（Zn）減輕的莫耳數 = 陰極（Cu）增加的莫耳數，但因為兩元素的原子量不相等，故陽極減輕的重量 ≠ 陰極增加的重量。

1. 半電池電位：可分爲氧化半電池電位及還原半電池電位。

2. 標準狀態：

(1) 氣體：25℃、1 atm

(2) 液體：25℃、1 M

(3) 固體：25℃下的最穩定狀態

3. 標準氫電極：以鉑爲電極，置於$[H^+]$ = 1 M 的溶液中，並通入1 atm的氫氣，此半電池稱爲「標準氫電極」，其電位定爲0伏特（V）。

$$2 H^+_{(aq)(1M)} + 2 e^- \rightarrow H_{2(g)(1atm)} \qquad E° = 0.00 \text{ V}$$

$$H_{2(g)(1atm)} \rightarrow 2 H^+_{(aq)(1M)} + 2 e^- \qquad E° = 0.00 \text{ V}$$

4. 電位的測定：

將待測半電池的電極與標準氫電極連接組合成電池，測出此電池的電位差，即可得知此半電池的氧化電位或還原電位。另外，兩電極間的電位差又可稱爲電池的電動勢。

(1) 氧化電位：表示物質失去電子的傾向，氧化電位愈大，愈容易失去電子。

例如：$Zn_{(s)} \rightarrow Zn^{2+}_{(aq)} + 2 e^- \qquad E° = 0.76 \text{ V}$

$\quad\quad\ \ Cu_{(s)} \rightarrow Cu^{2+}_{(aq)} + 2 e^- \qquad E° = -0.34 \text{ V}$

(2) 還原電位：表示物質獲得電子的能力，還原電位愈大，愈容易獲得電子。

例如：$Zn^{2+}_{(aq)} + 2 e^- \rightarrow Zn_{(s)} \qquad E° = -0.76 \text{ V}$

$\quad\quad\ \ Cu^{2+}_{(aq)} + 2 e^- \rightarrow Cu_{(s)} \qquad E° = 0.34 \text{ V}$

(3) 氧化電位與還原電位，反應式逆寫，等值異號。

$$Zn_{(s)} \rightarrow Zn^{2+}_{(aq)} + 2\ e^- \qquad\qquad E^\circ = 0.76\ V$$

$$Zn^{2+}_{(aq)} + 2\ e^- \rightarrow Zn_{(s)} \qquad\qquad E^\circ = -0.76\ V$$

(4) 標準還原電位無加成性

$$Ag^+_{(aq)} + e^- \rightarrow Ag_{(s)} \qquad\qquad E^\circ = 0.80\ V$$

$$2\ Ag^+_{(aq)} + 2\ e^- \rightarrow 2\ Ag_{(s)} \qquad\qquad E^\circ = 0.80\ V$$

(5) 電池電動勢（$\triangle E^\circ$值）＝陰極還原電位＋陽極氧化電位

$$= 陰極還原電位 － 陽極還原電位$$

$$= 陽極氧化電位 － 陰極氧化電位$$

(6) 預測反應是否為自發反應

若$\triangle E^\circ > 0$，為自發反應，可自然發生，例如：電池。

若$\triangle E^\circ < 0$，為非自發反應，無法自然發生，可外加電壓使其發生，例如：電解。

例1　將鋅半電池與標準氫電極組合成電池，可得此電池的電動勢為0.76

V，則$Zn^{2+}_{(aq)} + 2\ e^- \rightarrow Zn_{(s)}$之$E^\circ$為幾伏特？

反應式：$Zn^{2+}_{(aq)} + 2\ e^- \rightarrow Zn_{(s)}$　$E^\circ = X$ 伏特

反應式：$2\ H^+_{(aq)} + 2\ e^- \rightarrow H_{2(g)}$　$E^\circ = 0$ 伏特

全反應式：$Zn_{(s)} + 2\ H^+_{(aq)} \rightarrow Zn^{2+}_{(aq)} + H_{2(g)}$　$\triangle E^\circ = 0 - X = 0.76$伏特

$\Rightarrow Zn^{2+}_{(aq)} + 2\ e^- \rightarrow Zn_{(s)}$　$E^\circ = -0.76$ 伏特

例2 將銅半電池與標準氫電極組合成電池，可得此電池的電動勢為0.34 V，則$Cu^{2+}_{(aq)} + 2 e^- \rightarrow Cu_{(s)}$之$E°$為幾伏特？

反應式：$Cu^{2+}_{(aq)} + 2 e^- \rightarrow Cu_{(s)}$　　$E° = Y$ 伏特

反應式：$2 H^+_{(aq)} + 2 e^- \rightarrow H_{2(g)}$　　$E° = 0$ 伏特

全反應式：$H_{2(g)} + Cu^{2+}_{(aq)} \rightarrow 2H^+_{(aq)} + Cu_{(aq)}$　　$\triangle E° = Y - 0 = 0.34$伏特

$\Rightarrow Cu^{2+}_{(aq)} + 2 e^- \rightarrow Cu_{(s)}$　　$E° = 0.34$ 伏特

例3 將鋅半電池與銅半電池相連接，可得電池的電動勢為何？

反應式：$Zn^{2+}_{(aq)} + 2 e^- \rightarrow Zn_{(s)}$　　$E° = -0.76$ 伏特

反應式：$Cu^{2+}_{(aq)} + 2 e^- \rightarrow Cu_{(s)}$　　$E° = 0.34$ 伏特

全反應式：$Zn_{(s)} + Cu^{2+}_{(aq)} \rightarrow Zn^{2+}_{(aq)} + Cu_{(s)}$

$\Rightarrow \triangle E° = 0.34 - (-0.76) = 1.10$ 伏特

● 標準還原電位表

半反應		標準還原電位
氧化劑	還原劑	$E°$（V）
$Li^+ + e^- \rightarrow Li$		-3.05
$K^+ + e^- \rightarrow K$		-2.92
$Cs^+ + e^- \rightarrow Cs$		-2.92
$Ba^{2+} + 2 e^- \rightarrow Ba$		-2.90
$Sr^{2+} + 2 e^- \rightarrow Sr$		-2.89
$Ca^{2+} + 2 e^- \rightarrow Ca$		-2.87
$Na^+ + e^- \rightarrow Na$		-2.71

氧化還原

半反應		標準還原電位
氧化劑	還原劑	$E°$（V）
$Mg^{2+} + 2\,e^- \rightarrow Mg$		-2.37
$Al^{3+} + 3\,e^- \rightarrow Al$		-1.66
$Mn^{2+} + 2\,e^- \rightarrow Mn$		-1.03
$2\,H_2O + 2\,e^- \rightarrow H_2 + 2\,OH^-$		-0.83
$Zn^{2+} + 2\,e^- \rightarrow Zn$		-0.76
$Cr^{3+} + 3\,e^- \rightarrow Cr$		-0.74
$Fe^{2+} + 2\,e^- \rightarrow Fe$		-0.44
$Cd^{2+} + 2\,e^- \rightarrow Cd$		-0.40
$Co^{2+} + 2\,e^- \rightarrow Co$		-0.28
$Ni^{2+} + 2\,e^- \rightarrow Ni$		-0.23
$Sn^{2+} + 2\,e^- \rightarrow Sn$		-0.14
$Pb^{2+} + 2\,e^- \rightarrow Pb$		-0.13
$Fe^{3+} + 3\,e^- \rightarrow Fe$		-0.04
$2\,H^+ + 2\,e^- \rightarrow H_2$		0.00
$S + 2\,H^+ + 2\,e^- \rightarrow H_2S$		0.14
$Sn^{4+} + 2\,e^- \rightarrow Sn^{2+}$		0.15
$Cu^{2+} + e^- \rightarrow Cu^+$		0.16
$Cu^{2+} + 2\,e^- \rightarrow Cu$		0.34
$2\,H_2O + O_2 + 4\,e^- \rightarrow 4\,OH^-$		0.40
$Cu^+ + e^- \rightarrow Cu$		0.52
$I_2 + 2\,e^- \rightarrow 2\,I^-$		0.54

半反應		標準還原電位
氧化劑	還原劑	$E°$（V）
$O_2 + 2\,H^+ + 2\,e^- \longrightarrow H_2O_2$		0.68
$Fe^{3+} + e^- \longrightarrow Fe^{2+}$		0.77
$Hg_2^{2+} + 2\,e^- \longrightarrow 2\,Hg$		0.80
$Ag^+ + e^- \longrightarrow Ag$		0.80
$Hg^{2+} + 2\,e^- \longrightarrow Hg$		0.85
$2\,Hg^{2+} + 2\,e^- \longrightarrow Hg_2^{2+}$		0.91
$NO_3^- + 4\,H^+ + 3\,e^- \longrightarrow NO + 2\,H_2O$		0.96
$Br_2 + 2\,e^- \longrightarrow 2\,Br^-$		1.07
$Pt^{2+} + 2\,e^- \longrightarrow Pt$		1.20
$O_2 + 4\,H^+ + 4\,e^- \longrightarrow 2\,H_2O$		1.23
$MnO_2 + 4\,H^+ + 2\,e^- \longrightarrow Mn^{2+} + 2\,H_2O$		1.28
$Cr_2O_7^{2-} + 14\,H^+ + 6\,e^- \longrightarrow 2\,Cr^{3+} + 7\,H_2O$		1.33
$Cl_2 + 2\,e^- \longrightarrow 2\,Cl^-$		1.36
$Au^{3+} + 3\,e^- \longrightarrow Au$		1.42
$MnO_4^- + 8\,H^+ + 5\,e^- \longrightarrow Mn^{2+} + 4\,H_2O$		1.49
$H_2O_2 + 2\,H^+ + 2\,e^- \longrightarrow 2\,H_2O$		1.78
$Co^{3+} + e^- \longrightarrow Co^{2+}$		1.82
$O_3 + 2\,H^+ + 2\,e^- \longrightarrow O_2 + H_2O$		2.07
$F_2 + 2\,e^- \longrightarrow 2\,F^-$		2.87

重要觀念建立 4-9

已知下列半反應標準電位：

$Au \rightarrow Au^{3+} + 3 e^-$　　　　$E° = -1.42$ 伏特

$2 Cl^- \rightarrow Cl_2 + 2 e^-$　　　　$E° = -1.36$ 伏特

則下列全反應的電動勢為在標準狀態下為多少伏特？

$2 Au + 3 Cl_2 \rightarrow 2 Au^{3+} + 6 Cl^-$

(A) 1.24　(B) −1.54　(C) −0.21　(D) −0.06。　　　【80. 日大】

解析

答案為D。

(1)式：　　　　　　　$Au \rightarrow Au^{3+} + 3 e^-$　　$E° = -1.42$ 伏特

(3)式：(1)式×2　　$2 Au \rightarrow 2 Au^{3+} + 6 e^-$　$E° = -1.42$ 伏特

　　　　　　　　　　　　　　　　（標準還原電位無加成性）

(2)式：　　　　　　　$Cl_2 + 2 e^- \rightarrow 2 Cl^-$　　$E° = + 1.36$ 伏特

　　　　　　　　　　　　　　　　（反應式逆寫，等值異號）

(4)式：(2)式×3　　$3 Cl_2 + 6 e^- \rightarrow 6 Cl^-$　$E° = + 1.36$ 伏特

　　　　　　　　　　　　　　　　（標準還原電位無加成性）

(3) + (4)式：得全反應為 $2 Au + 3 Cl_2 \rightarrow 2 Au^{3+} + 6 Cl^-$

　　　　　　　$\Rightarrow \triangle E° = (-1.42) + 1.36 = -0.06$ 伏特

重要觀念建立 4-10

已知下列半反應的標準還原電位（$E°$）：

$Na^+_{(aq)} + e^- \rightarrow Na_{(s)}$ ⠀⠀⠀⠀⠀⠀⠀⠀⠀⠀$E° = -2.71$ 伏特

$2 H_2O_{(l)} + 2 e^- \rightarrow H_{2(g)} + 2 OH^-_{(aq)}$⠀⠀⠀⠀$E° = -0.83$ 伏特

反應為 $2 Na_{(s)} + 2 H_2O_{(l)} \rightarrow 2 Na^+_{(aq)} + 2 OH^-_{(aq)} + H_{2(g)}$ 的 $\Delta E°$ 為多少伏特？

(A) -4.59⠀⠀(B) -1.88⠀⠀(C) 1.88⠀⠀(D) 4.59。⠀⠀⠀⠀【88. 日大】

解析

答案為C。

(1)式：⠀⠀⠀⠀⠀⠀⠀$Na_{(s)} \rightarrow Na^+_{(aq)} + e^-$⠀⠀⠀⠀⠀$E° = +2.71$ 伏特

⠀⠀⠀⠀⠀⠀⠀⠀⠀⠀⠀⠀⠀⠀⠀⠀⠀（反應式逆寫，等值異號）

(3)式：(1)式×2⠀$2 Na_{(s)} \rightarrow 2 Na^+_{(aq)} + 2 e^-$⠀⠀⠀$E° = +2.71$ 伏特

⠀⠀⠀⠀⠀⠀⠀⠀⠀⠀⠀⠀⠀⠀⠀（標準還原電位無加成性）

(2)式：⠀⠀⠀⠀⠀⠀⠀$2 H_2O_{(l)} + 2 e^- \rightarrow H_{2(g)} + 2 OH^-_{(aq)}$⠀⠀$E° = -0.83$ 伏特

(3) + (2)式：得全反應為 $2 Na_{(s)} + 2 H_2O_{(l)} \rightarrow 2 Na^+_{(aq)} + 2 OH^-_{(aq)} + H_{2(g)}$

⠀⠀⠀⠀⠀⠀$\Rightarrow \Delta E° = (+ 2.71) + (-0.83) = + 1.88$ 伏特

重要觀念建立 4-11

已知下列半反應標準電位：

$O_2 + 2H^+ + 2e^- \rightarrow H_2O_2$ $E° = 0.68$ 伏特

$MnO_4^- + 8H^+ + 5e^- \rightarrow Mn^{2+} + 4H_2O$ $E° = 1.49$ 伏特

則全反應為 $5H_2O_2 + 2MnO_4^- + 6H^+ \rightarrow 5O_2 + 2Mn^{2+} + 8H_2O$ 的

電動勢，在標準狀態下為多少伏特？

解析

(1)式： $H_2O_2 \rightarrow O_2 + 2H^+ + 2e^-$ $E° = -0.68$ 伏特

                                    （反應式逆寫，等值異號）

(3)式：(1)式×5 $5H_2O_2 \rightarrow 5O_2 + 10H^+ + 10e^-$ $E° = -0.68$ 伏特

                                    （標準還原電位無加成性）

(2)式： $MnO_4^- + 8H^+ + 5e^- \rightarrow Mn^{2+} + 4H_2O$ $E° = +1.49$ 伏特

(4)式：(2)式×2 $2MnO_4^- + 16H^+ + 10e^- \rightarrow 2Mn^{2+} + 8H_2O$

                               $E° = +1.49$ 伏特

                                    （標準還原電位無加成性）

(3) + (4)式：

得全反應為 $5H_2O_2 + 2MnO_4^- + 6H^+ \rightarrow 5O_2 + 2Mn^{2+} + 8H_2O$

$\Rightarrow \Delta E° = (-0.68) + 1.49 = +0.81$ 伏特

重要觀念建立 4-12

已知 $3\,Ag_2S_{(s)} + 2\,Al_{(s)} + 6\,OH^-_{(aq)} \rightarrow 6\,Ag_{(s)} + 3\,S^{2-}_{(aq)} + 2\,Al(OH)_{3(s)}$，

$\triangle E° = 1.62\,V$，若 $Al(OH)_{3(s)} + 3\,e^- \rightarrow Al_{(s)} + 3\,OH^-_{(aq)}$，$E° = -2.31\,V$，

則半反應：$Ag_2S_{(s)} + 2\,e^- \rightarrow 2\,Ag_{(s)} + S^{2-}_{(aq)}$ 之 $E°$ 為多少？

(A) -0.69　(B) -1.20　(C) -1.69　(D) -1.96 伏特。【90. 日大】

解析

答案為A。

(1)式：$Al_{(s)} + 3\,OH^-_{(aq)} \rightarrow Al(OH)_{3(s)} + 3\,e^-$　$E° = +2.31$伏特

（反應式逆寫，等值異號）

(3)式：(1)式×2　$2\,Al_{(s)} + 6\,OH^-_{(aq)} \rightarrow 2\,Al(OH)_{3(s)} + 6\,e^-$

$E° = +2.31$伏特

（標準還原電位無加成性）

(2)式：$Ag_2S_{(s)} + 2\,e^- \rightarrow 2\,Ag_{(s)} + S^{2-}$　$E° = X$ 伏特

(4)式：(2)式×3　$3\,Ag_2S_{(s)} + 6\,e^- \rightarrow 6\,Ag_{(s)} + 3\,S^{2-}$　$E° = X$ 伏特

（標準還原電位無加成性）

(3) + (4)式：得全反應為

$3\,Ag_2S_{(s)} + 2\,Al_{(s)} + 6\,OH^-_{(aq)} \rightarrow 6\,Ag_{(s)} + 3\,S^{2-}_{(aq)} + 2\,Al(OH)_{3(s)}$

$\Rightarrow \triangle E° = +2.31 + X = +1.62$ 伏特

$\Rightarrow X = -0.69$ 伏特

重要觀念建立 4-13

已知下列各半反應之標準電壓：

$Fe^{2+}_{(aq)} + 2\,e^- \rightarrow Fe_{(s)}$ $E^\circ = -0.44\ V$

$Fe^{3+}_{(aq)} + e^- \rightarrow Fe^{2+}_{(aq)}$ $E^\circ = +0.77\ V$

則反應：$Fe_{(s)} + 2\,Fe^{3+}_{(aq)} \rightarrow 3\,Fe^{2+}_{(aq)}$ 在標準狀態下的電動勢為多少伏特？

解析

(1)式： $Fe_{(s)} \rightarrow Fe^{2+}_{(aq)} + 2\,e^-$ $E^\circ = +0.44\ V$

                    （反應式逆寫，等值異號）

(2)式： $Fe^{3+}_{(aq)} + e^- \rightarrow Fe^{2+}_{(aq)}$ $E^\circ = +0.77\ V$

(3)式：(2)式×2 $2\,Fe^{3+}_{(aq)} + 2\,e^- \rightarrow 2\,Fe^{2+}_{(aq)}$ $E^\circ = +0.77\ V$

                    （標準還原電位無加成性）

(1) + (3)式：得全反應為 $Fe_{(s)} + 2\,Fe^{3+}_{(aq)} \rightarrow 3\,Fe^{2+}_{(aq)}$

          $\Rightarrow \triangle E^\circ = 0.44 + 0.77 = +1.21$ 伏特

重要觀念建立 4-14

已知 $E^\circ(Zn^{2+}_{(aq)} - Zn_{(s)}) = -0.76\ V$、$E^\circ(Ag^+_{(aq)} - Ag_{(s)}) = 0.80\ V$，則 $Zn - Ag^+$ 的電壓為多少伏特？

(1)式： $\qquad$ $Zn^{2+}_{(aq)} + 2\,e^- \rightarrow Zn_{(s)}$ $\qquad$ $E° = -0.76\ V$

(3)式： $\qquad$ $Zn_{(s)} \rightarrow Zn^{2+}_{(aq)} + 2\,e^-$ $\qquad$ $E° = +0.76\ V$

（反應式逆寫，等值異號）

(2)式： $\qquad$ $Ag^+_{(aq)} + e^- \rightarrow Ag_{(s)}$ $\qquad$ $E° = +0.80\ V$

(4)式：(2)式×2 $\quad$ $2\,Ag^+_{(aq)} + 2\,e^- \rightarrow 2\,Ag_{(s)}$ $\qquad$ $E° = +0.80\ V$

（標準還原電位無加成性）

(3) + (4)式：得全反應為 $Zn_{(s)} + 2\,Ag^+_{(aq)} \rightarrow Zn^{2+}_{(aq)} + 2\,Ag_{(s)}$

$\Rightarrow \triangle E° = 0.76 + 0.80 = +1.56$ 伏特

重要觀念建立 4-15

在標準狀態下，已知 $Zn - Ag^+$ 電池電壓為 1.56 伏特，$Zn - Cu^{2+}$ 電池電壓為 1.10 伏特。若定 $Cu^{2+}_{(aq)} + 2\,e^- \rightarrow Cu_{(s)}$，$E° = 0.00$ 伏特為參考點，則 $Ag^+_{(aq)} + e^- \rightarrow Ag_{(s)}$ 之 $E°$ 為幾伏特？

(A) 0.23　(B) 0.46　(C) 0.80　(D) 1.10　(E) 1.56。　【95. 指考】

解析

答案為B。

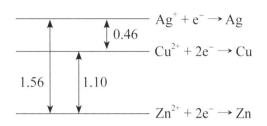

重要觀念建立 4-16

已知 A、B、C、D 四種金屬及其相對離子所組成的電池標準電壓為：

$\triangle E^\circ(A - C^{2+}) = 2.00$ V

$\triangle E^\circ(B - D^+) = 1.05$ V

$\triangle E^\circ(C - D^+) = 0.46$ V

則 $\triangle E^\circ(A - B^{2+})$ 為多少伏特？

(A) 4.51 V　(B) 2.59 V　(C) 1.82 V　(D) 1.41 V。

解析

答案為D。

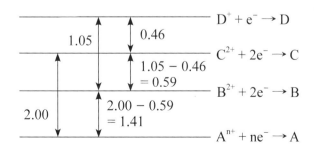

重要觀念建立 4-17

已知標準還原電位：

$E°(Cl_2 - Cl^-) = 1.36\ V$、$E°(Fe^{3+} - Fe^{2+}) = 0.77\ V$、

$E°(Br_2 - Br^-) = 1.06\ V$、$E°(Cu^{2+} - Cu) = 0.34\ V$，

而半反應 $MnO_4^- + 8\ H^+ + 5\ e^- \rightarrow Mn^{2+} + 4\ H_2O \quad E° = 1.52\ V$，

下列何者不能氧化 Fe^{2+} 使其生成 Fe^{3+} ？

(A) MnO_4^-　(B) Cl_2　(C) Br_2　(D) Cu^{2+}。

解 析

答案為D。

以下為各半反應式及其標準還原電位：

$MnO_4^- + 8\ H^+ + 5\ e^- \rightarrow Mn^{2+} + 4\ H_2O \quad E° = +1.52\ V$

$Cl_2 + 2\ e^- \rightarrow 2\ Cl^- \qquad\qquad E° = +1.36\ V$

$Br_2 + 2\ e^- \rightarrow 2\ Br^- \qquad\qquad E° = +1.06\ V$

$Fe^{3+} + e^- \rightarrow Fe^{2+} \qquad\qquad E° = +0.77\ V$

$Cu^{2+} + 2\ e^- \rightarrow Cu \qquad\qquad E° = +0.34\ V$

∵ $Fe^{2+} \rightarrow Fe^{3+} + e^-\ E° = -0.77\ V$（反應式逆寫，等值異號）

∴ 需將Fe^{2+}氧化生成Fe^{3+}，還原電位必須大於0.77 V ，使$\triangle E° > 0$才可反應。

因$\triangle E°(Fe^{2+} - Cu^{2+}) = 0.34 + (-0.77) = -0.43\ V < 0$，

故Cu^{2+}不能氧化Fe^{2+}使其生成Fe^{3+}。

重要觀念建立 4-18

$Au_{(s)} + 3 K^+_{(aq)} \rightarrow Au^{3+}_{(aq)} + 3 K_{(s)}$ $\triangle E° = -4.43$ V

下列敘述何者正確？   【76. 夜大】

(A) Au 是比 K 更強的還原劑

(B) $K^+_{(aq)}$ 的氧化力大於 $Au^{3+}_{(aq)}$

(C) $Au^{3+}_{(aq)}$ 是比 $K^+_{(aq)}$ 更強的氧化劑

(D) 在標準狀況下，反應從左向右進行。

解析

答案為C。

$\triangle E° = -4.43$ V < 0，反應從右向左進行，或更改如下：

$Au^{3+}_{(aq)} + 3 K_{(s)} \rightarrow Au_{(s)} + 3 K^+_{(aq)}$ $\triangle E° = +4.43$ V

$\Rightarrow$ 氧化劑（氧化力）：$Au^{3+} > K^+$

$\Rightarrow$ 還原劑（還原力）：$K > Au$

重要觀念建立 4-19

鹵素離子之標準氧化電位（單位：伏特）各爲 F^-：−2.87，Cl^-：−1.36，Br^-：−1.07，I^-：−0.53，就鹵素元素及鹵素離子間之反應而言，當最強氧化劑與最強的還原劑反應時 E°（伏特）應爲 (A) −2.34 (B) −1.51 (C) 2.34 (D) 4.68。 【日大】

答案為C。

鹵素離子之標準氧化電位

(1)式：$2 F^- \rightarrow F_2 + 2 e^-$ $E° = -2.87$ 伏特（最強氧化劑）

(2)式：$2 Cl^- \rightarrow Cl_2 + 2 e^-$ $E° = -1.36$ 伏特

(3)式：$2 Br^- \rightarrow Br_2 + 2 e^-$ $E° = -1.07$ 伏特

(4)式：$2 I^- \rightarrow I_2 + 2 e^-$ $E° = -0.53$ 伏特（最強還原劑）

(4)－(1)式：得全反應為 $F_2 + 2 I^- \rightarrow 2 F^- + I_2$

$\Rightarrow \Delta E° = (-0.53) - (-2.87) = +2.34$ 伏特

重要觀念建立 4-20

$NO_3^-{}_{(aq)}$、$N_{2(g)}$、$MnO_{2\,(s)}$ 的標準還原電位分別為：

$NO_3^-{}_{(aq)} + 4 H^+{}_{(aq)} + 3 e^- \rightarrow NO_{(g)} + 2 H_2O_{(l)}$ $E° = 0.96$ V

$N_{2(g)} + 5 H^+{}_{(aq)} + 4 e^- \rightarrow N_2H_5^+{}_{(aq)}$ $E° = -0.23$ V

$MnO_{2\,(s)} + 4 H^+{}_{(aq)} + 2 e^- \rightarrow Mn^{2+}{}_{(aq)} + 2 H_2O_{(l)}$ $E° = 1.23$ V

若各物質在標準狀態下進行上述各反應或逆反應，則下列敘述哪一項正確？ 【101.指考】

(A) 氧化力的強弱順序為 $MnO_{2\,(s)} > N_{2(g)} > NO_3^-{}_{(aq)}$

(B) 氧化力的強弱順序為 $N_{2(g)} > NO_3^-{}_{(aq)} > MnO_{2\,(s)}$

(C) 還原力的強弱順序為 $N_2H_5^+{}_{(aq)} > NO_{(g)} > Mn^{2+}{}_{(aq)}$

(D) 還原力的強弱順序為 $Mn^{2+}{}_{(aq)} > NO_{(g)} > N_2H_5^+{}_{(aq)}$

(E) 還原力的強弱順序為 $NO_{(g)} > N_2H_5^+{}_{(aq)} > Mn^{2+}{}_{(aq)}$。

解析

答案為C。

(A)(B)標準還原電位愈高，氧化力愈強，故氧化力：$MnO_{2(s)} > NO_{3\ (aq)}^- > N_{2(g)}$。

(C)(D)(E)還原力：$N_2H_{5\ (aq)}^+ > NO_{(g)} > Mn_{\ (aq)}^{2+}$。

重要觀念建立 4-21

已知下列各半反應之標準電壓：

$Fe_{(aq)}^{2+} + 2\ e^- \rightarrow Fe_{(s)}$ $E° = -0.44\ V$

$Fe_{(aq)}^{3+} + e^- \rightarrow Fe_{(aq)}^{2+}$ $E° = +0.77\ V$

$Cl_{2(g)} + 2\ e^- \rightarrow 2\ Cl_{(aq)}^-$ $E° = +1.36\ V$

含 Fe^{2+} 及 Fe^{3+} 的水溶液（各濃度均為 1 M）中，通以 1 大氣壓之氯氣，則將發生何種變化？ 【65. 日大】

(A) Fe^{2+} 被 Cl_2 氧化為 Fe^{3+}

(B) Fe^{3+} 被 Cl_2 還原為 Fe^{2+}

(C) Fe^{3+} 被 Cl_2 還原為 $Fe_{(s)}$

(D) Fe^{2+} 被 Cl_2 還原為 $Fe_{(s)}$。

解析

答案為A。

(A)(B)標準還原電位愈高，氧化力愈強，故氧化力：$Cl_2 > Fe^{3+} > Fe^{2+}$。因此，Cl_2的氧化力最大，可氧化Fe^{2+}及Fe^{3+}。

第四章 電化電池

重要觀念建立 4-22

下列有關半電池及電化電池（可放電）的敘述中，何者錯誤？

(A) 半電池的標準還原電位以 $E°(H^+ - H_2) = 0.00$ 伏特為標準

(B) 所謂標準狀態是 1 atm、25℃、濃度 1 M

(C) 所謂標準狀態是 1 atm、0℃、濃度 1 N

(D) 二個半電池構成一個電化電池時，還原電位較高的為正極

(E) 電化電池的正極就是陽極。　　　　　　　【71.日大】

解析

答案為CE。

(A) 正確。標準氫電極：$2 H^+_{(aq)(1M)} + 2 e^- \rightarrow H_{2(g)(1atm)}$　$E° = 0.00$ V

(B) 正確。

(C) 錯誤。所謂標準狀態是1atm、25℃、濃度1 M。

(D) 正確。二個半電池構成一個電化電池時，還原電位較高的為正極。

　　如：還原電位$E°(Zn^{2+}_{(aq)} - Zn_{(s)}) = -0.76$ V、$E°(Cu^{2+}_{(aq)} - Cu_{(s)}) = 0.34$ V，則還原電位較高的Cu為正極（陰極），還原電位較低的Zn為負極（陽極）。

(E) 錯誤。電化電池的正極就是「陰極」，負極就是「陽極」。

4 常見的電池

　　常用的電化電池種類有分為一次電池、二次電池。其中一次電池，又稱為原電池，是指不能再充電的電池；而二次電池，又稱蓄電池，是指可

重複充電使用的電池。

一、一次電池

1. 乾電池（又稱勒克朗舍電池）

(1) 電壓：1.5 V

(2) 陽極（－）：鋅殼。

反應式：$Zn_{(s)} \rightarrow Zn^{2+}_{(aq)} + 2\ e^-$

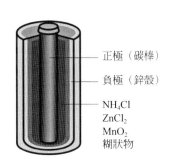

正極（碳棒）
負極（鋅殼）
NH_4Cl
$ZnCl_2$
MnO_2
糊狀物

(3) 陰極（＋）：碳棒。

（碳棒為惰性電極，本身沒有直接參與反應）

反應式：$2\ NH_4^+{}_{(aq)} + 2\ e^- \rightarrow 2\ NH_{3(g)} + H_{2(g)}$

(4) 電解質：NH_4Cl、$ZnCl_2$、MnO_2 的糊狀混合物。

(5) 去極作用：因為生成的$NH_{3(g)}$和$H_{2(g)}$會阻止電子繼續得失（稱為極化現象），所以使用MnO_2（去極劑）與$ZnCl_2$分別來去除$H_{2(g)}$和$NH_{3(g)}$。

$2\ MnO_{2(s)} + H_{2(g)} \rightarrow Mn_2O_{3(s)} + H_2O_{(l)}$

$Zn^{2+}{}_{(aq)} + 2\ NH_{3(g)} + 2\ Cl^-{}_{(aq)} \rightarrow Zn(NH_3)_2Cl_{2(s)}$

(6) 全反應：$Zn_{(s)} + 2\ MnO_{2(s)} + 2\ NH_4Cl_{(s)} \rightarrow Zn(NH_3)_2Cl_{2(s)} + Mn_2O_{3(s)} + H_2O_{(l)}$

2. 鹼性乾電池（又稱鹼錳電池）

(1) 電壓：1.5 V

(2) 陽極（－）：鋅粉。

反應式：$Zn_{(s)} + 2\ OH^-{}_{(aq)} \rightarrow ZnO_{(s)} + H_2O_{(l)} + 2\ e^-$

(3) 陰極（＋）：二氧化錳。

反應式：$2\ MnO_{2(s)} + H_2O_{(l)} + 2\ e^- \rightarrow Mn_2O_{3(s)} + 2\ OH^-{}_{(aq)}$

(4) 電解質：KOH 溶液。

(5) 全反應：$Zn_{(s)} + 2 MnO_{2(s)} \rightarrow ZnO_{(s)} + Mn_2O_{3(s)}$

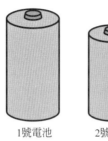

1號電池
Size: D

2號電池
Size: C

3號電池
Size: AA

4號電池
Size: AAA

3. 其他一次電池：

(1) 水銀電池。

(2) 銀電池。

(3) 鋰碘電池。

重要觀念建立 4-23

勒克朗舍電池的氧化劑及還原劑分別為何？

解析

全反應：$Zn_{(s)} + 2 MnO_{2(s)} + 2 NH_4Cl_{(s)} \rightarrow Zn(NH_3)_2Cl_{2(s)} + Mn_2O_{3(s)} + H_2O_{(l)}$
MnO_2獲得電子為氧化劑，Zn 失去電子為還原劑。

重要觀念建立 4-24

下列有關乾電池的敘述，何者不正確？

(A) 以碳棒為陽極

(B) 陽極反應：$Zn \rightarrow Zn^{2+} + 2\ e^-$

(C) 電解質為 MnO_2、NH_4Cl 和 $ZnCl_2$ 的混合物

(D) 在電解質中加入澱粉來增加稠密性。

解析

答案為A。

(A) 錯誤。碳棒為「陰極」（＋）。

重要觀念建立 4-25

有關碳鋅電池的敘述，下列何者正確？

(A) 碳棒為負極

(B) 鋅殼為陰極

(C) 放電完時，可充電繼續使用

(D) 放電時，碳棒質量增加

(E) 放電時，電子由鋅極流出。

解析

答案為E。

第四章 電化電池

121

(A) 錯誤。碳棒為「正極」，鋅殼為「負極」。

(B) 錯誤。鋅殼為「陽極」（−），碳棒為「陰極」（+）。

(C) 錯誤。碳鋅電池為一次電池，不可充電繼續使用。

(D) 錯誤。碳棒質量不變。

(E) 正確。反應式：$Zn_{(s)} \rightarrow Zn^{2+}_{(aq)} + 2e^-$

二、二次電池：（又稱蓄電池）

1. 鉛蓄電池：

(1) 電壓：2 V

(2) 負極：鉛（Pb）

(3) 正極：二氧化鉛（PbO_2）

(4) 電解質：硫酸（H_2SO_4）

正極：二氧化鉛（PbO_2）
負極：鉛（Pb）
正極：二氧化鉛（PbO_2）
負極：鉛（Pb）
電解質：硫酸（H_2SO_4）

(5) 放電

陽極（−）：$Pb_{(s)} + SO_4^{2-}_{(aq)} \rightarrow PbSO_{4(s)} + 2 e^-$

陰極（+）：$PbO_{2(s)} + SO_4^{2-}_{(aq)} + 4 H^+_{(aq)} + 2 e^- \rightarrow PbSO_{4(s)} + 2 H_2O_{(l)}$

放電全反應：$Pb_{(s)} + PbO_{2(s)} + 2 H_2SO_{4(aq)} \rightarrow 2 PbSO_{4(s)} + 2 H_2O_{(l)}$

(6) 充電

陰極（−）：$PbSO_{4(s)} + 2 e^- \rightarrow Pb_{(s)} + SO_4^{2-}_{(aq)}$

陽極（+）：$PbSO_{4(s)} + 2 H_2O_{(l)} \rightarrow PbO_{2(s)} + SO_4^{2-}_{(aq)} + 4 H^+_{(aq)} + 2 e^-$

充電全反應：$2 PbSO_{4(s)} + 2 H_2O_{(l)} \rightarrow Pb_{(s)} + PbO_{2(s)} + 2 H_2SO_{4(aq)}$

(7) 相關計算：

放電時，每通過2 mol電子，會消耗1 mol的Pb、1 mol的PbO_2和2 mol 的H_2SO_4，並生成2 mol的$PbSO_4$和2 mol的H_2O。

2. 鎳鎘電池：

  (1) 電壓：1.3 V。

  (2) 負極：Cd。

  (3) 正極：NiO(OH)。

  (4) 電解質：KOH溶液。

  (5) 放電

陽極（－）：$Cd_{(s)} + 2\ OH^-_{(aq)} \rightarrow Cd(OH)_{2(s)} + 2\ e^-$

陰極（＋）：$NiO(OH)_{(s)} + H_2O_{(l)} + e^- \rightarrow Ni(OH)_{2(s)} + OH^-_{(aq)}$

放電全反應：$Cd_{(s)} + 2\ NiO(OH)_{(s)} + 2\ H_2O_{(l)} \rightarrow Cd(OH)_{2(s)} + 2\ Ni(OH)_{2(s)}$

3. 其他二次電池：

  (1) 鎳氫電池。

  (2) 鋰電池。

重要觀念建立 4-26

下列有關化學電池的敘述，哪些正確？ 【100. 學測】

(A) 化學電池是利用氧化還原反應來產生電流的裝置

(B) 鎳鎘電池是一種可充電的電池

(C) 在鋅銅電池中，以銅棒為電極的一極是負極

(D) 兩個乾電池並聯使用，可得幾近兩倍的較高電壓

(E) 鉛蓄電池中的鉛極，不管是在放電或充電，都扮演負極的角色。

解 析

答案為ABE。

(A) 正確。化學電池是利用氧化還原反應的化學能產生電能的裝置。

(B) 正確。充電電池有:鉛蓄電池、鎳鎘電池、鋰電池等。

(C) 錯誤。在鋅銅電池中,以銅棒為「正極」,以鋅棒為「負極」。

(D) 錯誤。兩個乾電池並聯使用,電壓「相同」;串聯時,電壓才是兩倍。

(E) 正確。鉛蓄電池中的鉛極,放電時為負極(陽極);充電時為負極(陰極)。

重要觀念建立 4-27

有一鉛蓄電池以 0.40 安培的電流放電 5 小時後,總共消耗了多少克的鉛?(原子量:Pb = 207)

(A) 0.128　(B) 7.72　(C) 14.0　(D) 16.4。　　　　　【75. 夜大】

解 析

答案為B。

$$\overset{0}{\underline{Pb}}_{(s)} + PbO_{2(s)} + 2\,H_2SO_{4(aq)} \rightarrow 2\,\overset{+2}{\underline{Pb}}SO_{4(s)} + 2\,H_2O_{(l)}$$

放電全反應:

∵ 法拉第定律

$$F = \frac{Q}{96500} = \frac{I \times t}{96500} = \frac{W}{E} = n \times M \times V$$

$$\therefore \frac{0.40 \times 5 \times 60 \times 60}{96500} = \frac{W}{207 / 2}$$

$$\Rightarrow W = 7.72 \text{ g}$$

重要觀念建立 4-28

鎳鎘電池是市售蓄電池之一，電池電壓為 1.3 伏特，充放電時會伴隨下列反應：

$Cd_{(s)} + 2\, NiO(OH)_{(s)} + 2\, H_2O_{(l)} \rightleftharpoons Cd(OH)_{2(s)} + 2\, Ni(OH)_{2(s)}$ 。

假設某一鎳鎘電池，經使用一段時間後，消耗了 5.0 克的鎘，今欲以 2.0 安培的電流為之充電，試問理論上至少約需多少小時始能完成充電？

（已知鎘的原子量為 112.4；1 法拉第 ＝ 96500 庫侖）

(A) 0.6　(B) 1.0　(C) 1.2　(D) 2.4　(E) 3.6。　　　【97. 指考】

解析

答案為C。

$$\quad\quad\quad\quad\quad\quad\quad 0 \quad\quad\quad\quad\quad\quad\quad\quad\quad\quad\quad\quad\quad +2$$

放電全反應：$\underline{Cd}_{(s)} + 2\, NiO(OH)_{(s)} + 2\, H_2O_{(l)} \rightleftharpoons \underline{Cd}(OH)_{2(s)} + 2\, Ni(OH)_{2(s)}$

$\because$ 法拉第定律

$$F = \frac{Q}{96500} = \frac{I \times t}{96500} = \frac{W}{E} = n \times M \times V$$

$$\therefore \frac{2.0 \times X \times 60 \times 60}{96500} = \frac{5}{1124 / 2}$$

$$\Rightarrow X \fallingdotseq 1.2 \text{ 小時}$$

三、氫氧燃料電池（不需充電，只需不斷填充燃料即可）

1. 鹼性氫氧燃料電池：

  (1) 陽極：氫氣。

  (2) 陰極：氧氣。

  (3) 電解質：KOH溶液。

  (4) 陽極（－）：$H_{2(g)} + 2\ OH^-_{(aq)} \rightarrow 2\ H_2O_{(l)} + 2\ e^-$

      陰極（＋）：$O_{2(g)} + 4\ e^- + 2\ H_2O_{(l)} \rightarrow 4\ OH^-_{(aq)}$

      放電全反應：$2\ H_{2(g)} + O_{2(g)} \rightarrow 2\ H_2O_{(l)}$

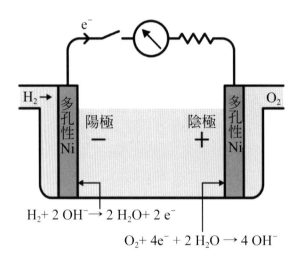

2. 質子交換膜氫氧燃料電池：

  (1) 陽極：氫氣。

  (2) 陰極：氧氣。

  (3) 電解質：質子交換膜。

(4) 陽極（－）：$H_{2(g)} \rightarrow 2\,H^+_{(aq)} + 2\,e^-$

陰極（＋）：$O_{2(g)} + 4\,e^- + 4\,H^+_{(aq)} \rightarrow 2\,H_2O_{(l)}$

放電全反應：$2\,H_{2(g)} + O_{2(g)} \rightarrow 2\,H_2O_{(l)}$

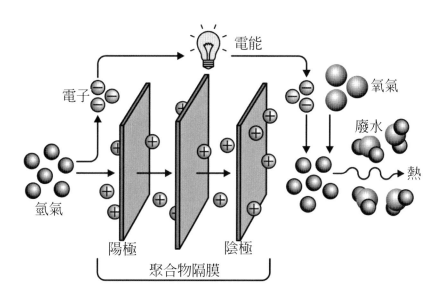

電能

電子

氧氣

廢水

熱

氫氣

陽極　　　陰極

聚合物隔膜

重要觀念建立 4-29

關於氫氧燃料電池的敘述，何者錯誤？

(A) 採用惰性電極

(B) 為非勻相反應

(C) 全反應為 $2\,H_{2(g)} + O_{2(g)} \rightarrow 2\,H_2O_{(l)}$

(D) 陰極需不斷補充氫氣。

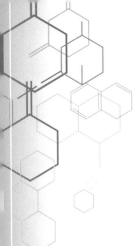

答案為D。

(D) 陰極需不斷補充「氧氣」；陽極需不斷補充「氫氣」。

重要觀念建立 4-30

市售電池多是利用化學反應產生電能的裝置。下列有關化學電池的敘述，何者錯誤？ 【87.推薦甄試】

(A)電池一定包含正極與負極

(B)電池內所發生的反應屬於氧化還原反應

(C)在電池負極產生的電子經由外電路傳至正極

(D)在電池正極產生的陽離子經由外電路傳至負極

(E)每一個電池有兩個「半電池」，每一個半電池都含有一個電極和電解質溶液。

解 析

答案為D。

重要觀念建立 4-31

氫氧燃料電池的反應方程式可寫成 $2 H_{2(g)} + O_{2(g)} \rightarrow 2 H_2O_{(l)}$，下列有關氫氧燃料電池之敘述，何者正確？　　　　【86. 日大】

(A)燃料電池把化學能轉換成電能的效率比傳統火力發電的能量轉換功率高

(B)每消耗 1 莫耳氧氣，可產生 2 法拉第電量

(C)放電時，電池中之 OH^- 濃度漸增

(D)放電時，氧氣在陰極反應

(E)可用高濃度之 KOH 溶液作電解質。

解析

答案為ADE。

(B) 錯誤。∵ 陰極（＋）：$O_{2(g)} + 4 e^- + 2 H_2O_{(l)} \rightarrow 4 OH^-_{(aq)}$

∴每消耗1莫耳氧氣，可產生「4法拉第電量」。

(C) 錯誤。放電時，氫氧燃料電池的反應方程式為 $2 H_{2(g)} + O_{2(g)} \rightarrow 2 H_2O_{(l)}$

∵ H_2O漸增。

∴ 電池中之OH^-被稀釋，濃度漸減。

重要觀念建立 4-32

下列有關電池的敘述，何者正確？ 　　　　　　　　【80. 日大】

(A)乾電池（勒克朗舍電池）的陽極是其鋅罐

(B)蓄電池可以直接使用交流電充電

(C)理論上，燃料電池的能量轉換效率，低於將燃料燃燒所得的
　　熱用來發電的能量轉換效率

(D)鉛蓄電池的溶液含硫酸

(E)標準半電池電位是以氫電極在 1 大氣壓，1.0 M [H$^+$] 溶液的
　　電位為零伏特。

解析

答案為ADE。

(B) 錯誤。應該使用「直流電」。

(C) 錯誤。燃料電池的能量轉換效率，「高於」將燃料燃燒所得的熱用來
　　發電的能量轉換效率。

▲即時講堂：
鋅銅電池的簡單原理

本章重點整理

◎ 利用氧化還原反應與電能間的相互關係，將化學能轉變為電能，發明出「電池」。

◎ 藉由學習「金屬離子化的傾向」，得知還原劑的強弱，有利於判斷反應是否進行，是否為自發反應。

◎ 電動勢（$\Delta E°$）：

若 $\Delta E° > 0$，為自發反應，可自然發生，例如：電池。

若 $\Delta E° < 0$，為非自發反應，無法自然發生，可外加電壓使其發生，例如：電解。

◎ 電池種類繁多，有鋅銅電池、一次電池、二次電池、燃料電池等。

◎ 一次電池（原電池），是指不能再充電的電池，有乾電池、鹼錳電池、水銀電池、銀電池等。

◎ 二次電池（蓄電池），是指可重複充電使用的電池，有鉛蓄電池、鎳鎘電池、鎳氫電池、鋰電池等。

◎ 氫氧燃料電池，不需充電，只需不斷填充燃料即可，有鹼性氫氧燃料電池、質子交換膜氫氣燃料電池等。

學習上易犯錯的地方與注意事項

◎電化電池是利用氧化還原反應來產生電流的裝置,所以不需外接電源。

◎電化電池的「陽極」是發生氧化反應並失去電子的電極,也是電池的「負極（−）」;而電化電池的「陰極」是發生還原反應並得到電子的電極,也是電池的「正極（+）」。

◎電化電池的鹽橋裝置,內裝可溶性鹽類的飽和水溶液,但需注意是否會與燒杯內電解質溶液產生沉澱反應。例如:若銀半電池中,若搭配KCl鹽橋,會發生反應$Ag^+_{(aq)} + Cl^-_{(aq)} \rightarrow AgCl_{(s)}$,造成氯化銀沉澱。

◎在計算全反應的電動勢時,要注意以下原則:

(1)氧化電位與還原電位,反應式逆寫,等值異號。

(2)標準還原電位無加成性。

◎蓄電池的充電,必須使用直流電,不可使用交流電。

◎蓄電池在充電時,外電源的正極接電池的正極,負極接負極,切勿接反。

第五章　電解與電鍍

本章導讀

電池和電解有什麼關係？

電解是自發反應還是非自發反應？

電解在工業上的應用有什麼？

電鍍和電解又有什麼關係？

電鍍有什麼好處？

要怎麼電鍍呢？

讀完本章，將讓你大嘆「科技始終來自於人性」！

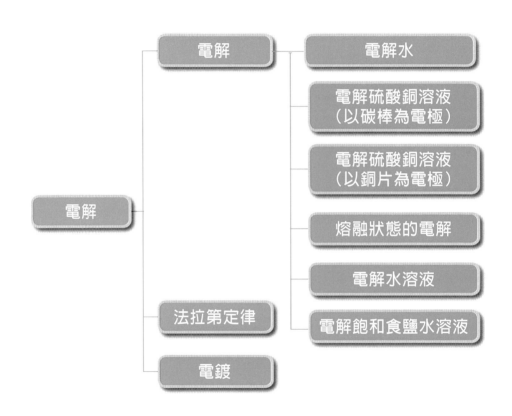

電解
- 電解
  - 電解水
  - 電解硫酸銅溶液（以碳棒為電極）
  - 電解硫酸銅溶液（以銅片為電極）
  - 熔融狀態的電解
  - 電解水溶液
  - 電解飽和食鹽水溶液
- 法拉第定律
- 電鍍

「哇！小如妳的耳環好漂亮喔！是純銀的嗎？一定很貴吧！」最愛這種閃亮閃亮飾品的小伶羨慕地說著。

「不貴啊！我是在路邊攤買的，一副耳環才100元而已！」小如趕緊解釋。

「是嗎？怎麼可能！我媽媽的耳環跟妳的看起來很像，可是她說很貴耶，大約要1000元喔！」小伶覺得十分疑惑地說著。

「小伶，是真的啦！」小如回答。

這時，王虹老師恰巧走進了教室，看到小伶和小如十分認真地討論著耳環，問了問同學們發生了什麼事，瞭解事情的來龍去脈後，忍不住笑了。

「小伶、小如，我想這是一場誤會喔！因為小如買的耳環應該是電鍍的，才會這麼便宜喔！」王虹老師解釋著。

「電鍍？什麼是電鍍啊？」大雄覺得十分好奇。

「電鍍是利用電能轉變成化學能的原理，將喜歡的金屬鍍在另一種金屬的表面上，形成一層金屬外殼。所以，小如的耳環有可能是電鍍一層銀的外殼在上面，而不是全部純銀的，才會這麼便宜喔！」王虹老師說明著。

「原來是這樣啊！真是太神奇了！」小伶說著。

「小伶，如果妳也喜歡這樣的耳環，下次我們一起去買吧！」小如說道。

看著兩位小女生解開疑惑，王虹老師感到欣慰地笑了。

一、電解

1. 電解：非自發的氧化還原反應，外加電壓使其發生，將電能轉變爲化學能。

    例如：$Zn_{(s)} + Cu^{2+}_{(aq)} \rightarrow Zn^{2+}_{(aq)} + Cu_{(s)}$，$\triangle E° = 1.10$伏特$> 0$，爲自發反應。

    $Zn^{2+}_{(aq)} + Cu_{(s)} \rightarrow Zn_{(s)} + Cu^{2+}_{(aq)}$，$\triangle E° = -1.10$伏特$< 0$，爲非自發反應。

    上述非自發反應，若外加電壓1.10伏特以上，則可使反應發生。

2. 電解槽：

    (1) 陽極（＋）：發生氧化反應，與電源正極連接。

    (2) 陰極（－）：發生還原反應，與電源負極連接。

3. 電解產物：

    (1) 陽極（＋）：氧化電位較大者。

    (2) 陰極（－）：還原電位較大者。

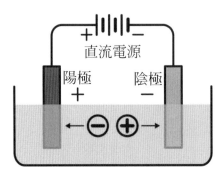

重要觀念建立 5-1

關於電池或電解的敘述，何者正確？

(A) 電池所進行的是非自發反應

(B) 電解所進行的是自發反應

(C) 電池的陽極是正極

(D) 電解的陽極是正極

(E) 電池是電能轉變成化學能

(F) 電解是化學能轉變成電能。

解 析

答案為D。

(A) 錯誤。電池所進行的是「自發反應」。

(B) 錯誤。電解所進行的是「非自發反應」。

(C) 錯誤。電池的陽極是「負極」；陰極是「正極」。

(D) 正確。電解的陽極是「正極」；陰極是「負極」。

(E) 錯誤。電池是「化學能轉變成電能」。

(F) 錯誤。電解是「電能轉變成化學能」。

〈深入整理〉

電池	$\Delta E° > 0$，自發反應	陽極（－）；陰極（＋）	化學能 → 電能
電解	$\Delta E° < 0$，非自發反應	陽極（＋）；陰極（－）	電能 → 化學能

二、電解水

1. 反應式：

  (1) 陽極（＋）氧化反應式：$2 H_2O_{(l)} \rightarrow O_{2(g)} + 4 H^+_{(aq)} + 4 e^-$

  (2) 陰極（－）還原反應式：$2 H_2O_{(l)} + 2 e^- \rightarrow H_{2(g)} + 2 OH^-_{(aq)}$

  (3) 全反應式：$2 H_2O_{(l)} \rightarrow 2 H_{2(g)} + O_{2(g)}$

2. 產生的氫氣與氧氣：

  (1) 體積比 $H_{2(g)} : O_{2(g)} = 2 : 1$

  (2) 質量比 $H_{2(g)} : O_{2(g)} = 2 \times 2 : 1 \times 32 = 1 : 8$

3. 由於水的解離度超低，故需加入少許硫酸或氫氧化鈉幫助導電。

4. 正負極的電極愈近，反應速率愈快。

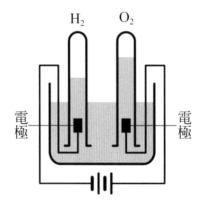

H₂ 和 O₂ 圖示，電極標示

重要觀念建立 5-2

附圖為電解水的實驗裝置，試回答下列問題：

(1) 甲試管收集到何種氣體？

(2) 乙試管收集到何種氣體？

(3) 若甲試管收集到 100 mL 的氣體，
　　則乙試管收集到多少 mL 的氣體？

(4) 若甲試管收集到 2 毫克的氣體，
　　則乙試管收集到多少毫克的氣體？

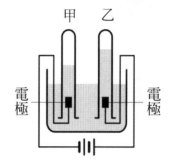

(5) 進行電解水的實驗時，水中可加入哪些物質來幫助純水導
　　電？（複選）

　　(A) 葡萄糖　(B) 酒精　(C) 硫酸　(D) 氫氧化鈉。

解析

答案：(1)氫氣；(2)氧氣；(3) 50 mL；(4) 16毫克；(5) CD。

(3) $\because$ 體積比 $H_{2(g)} : O_{2(g)} = 2 : 1$

　　$\therefore$ 甲試管(H_2)：乙試管$(O_2) = 2 : 1 = 100 : X$

　　$\Rightarrow X = 50$（mL）

(4) $\because$ 質量比 $H_{2(g)} : O_{2(g)} = 1 : 8$

　　$\therefore$ 甲試管(H_2)：乙試管$(O_2) = 1 : 8 = 2 : Y$

　　$\Rightarrow Y = 16$（毫克）

三、電解硫酸銅水溶液（以碳棒爲電極）

1. 反應式：

   (1) 陽極（＋）氧化反應式：$2\,H_2O_{(l)} \rightarrow O_{2(g)} + 4\,H^+_{(aq)} + 4\,e^-$

   (2) 陰極（－）還原反應式：$Cu^{2+}_{(aq)} + 2\,e^- \rightarrow Cu_{(s)}$

   (3) 全反應式：$2\,Cu^{2+}_{(aq)} + 2\,H_2O_{(l)} \rightarrow 2\,Cu_{(s)} + 4\,H^+_{(aq)} + O_{2(g)}$

2. 正極有無色的氧氣產生，故碳棒重量不變；

   負極有紅色的銅析出，故重量會增加。

3. 電解液Cu^{2+}濃度變少，故藍色變淡。

4. 正極附近呈酸性，pH值減小。

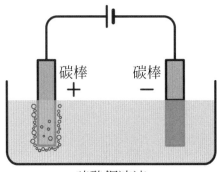

硫酸銅溶液

重要觀念建立 5-3

附圖是以碳棒為電極電解硫酸銅的實驗

裝置，試回答下列問題：

(1) 甲處產生何種氣體？

(2) 乙處析出何種物質？

(3) 正極的質量，增加、減少還是不變？

(4) 負極的質量，增加、減少還是不變？

(5) 電解一段時間後，電解液顏色變化如何？

(6) 承上，此時電解液 pH 值變化為何？

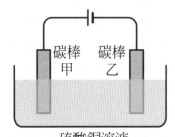

硫酸銅溶液

解析

答案：(1)氧氣；(2)銅；(3)不變；(4)增加；(5)變淡；(5)減少。

(1)(3) 正極有無色的氧氣產生，故碳棒重量不變。

(2)(4) 負極有紅色的銅析出，故重量會增加。

(5) ∵電解液中的銅離子與電子結合，產生銅於負極析出（$Cu^{2+}_{(aq)} + 2e^- \rightarrow Cu_{(s)}$）。

∴ 電解液中的Cu^{2+}濃度變少，故藍色變淡。

(6) ∵在正極附近有少量H_2SO_4生成，呈酸性。

∴pH值減小。

三、電解硫酸銅水溶液（以銅片為電極）

1. 反應式：

   (1) 陽極（＋）氧化反應式：$Cu_{(s)} \rightarrow Cu^{2+}_{(aq)} + 2\ e^-$

   (2) 陰極（－）還原反應式：$Cu^{2+}_{(aq)} + 2\ e^- \rightarrow Cu_{(s)}$

   (3) 全反應式：$Cu_{(s)} \rightarrow Cu_{(s)}$

2. 負極有紅色的銅析出，故重量會增加；

  正極的銅溶解，故重量會減輕。

3. 電解液 Cu^{2+} 濃度不變。

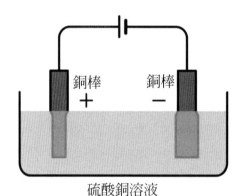

硫酸銅溶液

重要觀念建立 5-4

附圖是以銅片為電極電解硫酸銅的實驗裝置，試回答下列問題：

(1) 甲處反應式？

(2) 乙處反應式？

(3) 正極的質量，增加、減少還是不變？

(4) 負極的質量，增加、減少還是不變？

(5) 電解一段時間後，電解液顏色變化如何？

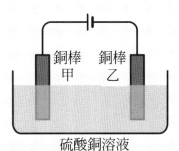

硫酸銅溶液

解析

答案：(1) $Cu_{(s)} \rightarrow Cu^{2+}_{(aq)} + 2\,e^-$；(2) $Cu^{2+}_{(aq)} + 2\,e^- \rightarrow Cu_{(s)}$；(3)減輕；
(4)增加；(5)不變。

(3) 正極的銅溶解，故重量會減輕。　（正極：$Cu_{(s)} \rightarrow Cu^{2+}_{(aq)} + 2\,e^-$）

(4) 負極有紅色的銅析出，故重量會增加。　（負極：$Cu^{2+}_{(aq)} + 2\,e^- \rightarrow Cu_{(s)}$）

(5) ∵雖然電解液中的銅離子與電子結合，產生銅於負極析出（$Cu^{2+}_{(aq)} + 2e^- \rightarrow Cu_{(s)}$），但正極的銅又會溶出銅離子於電解液中（$Cu_{(s)} \rightarrow Cu^{2+}_{(aq)} + 2e^-$）。

∴ 電解液中的Cu^{2+}濃度不變，故電解液顏色不變。

四、熔融狀態的電解

1. 以惰性電極電解熔融狀態之離子化合物。

    (1) 陽極產物：陰離子失去電子析出「非金屬」。

    (2) 陰極產物：陽離子得到電子析出「金屬」。

2. 電解NaCl熔融液

    (1) 陽極（＋）：$2 \, Cl^-_{(l)} \rightarrow Cl_{2(g)} + 2 \, e^-$

    (2) 陰極（－）：$Na^+_{(l)} + e^- \rightarrow Na_{(l)}$

    　　全反應：$2 \, NaCl_{(l)} \rightarrow 2 \, Na_{(l)} + Cl_{2(g)}$

    (3) 加入氯化鈣為助熔劑，可降低熔點。

    (4) 液態鈉金屬的密度比氯化鈉小，會上浮而析出。

3. 電解Al_2O_3熔融液

    (1) 陽極（＋）：$2 \, Al_2O_{3(l)} \rightarrow 4 \, Al^{3+}_{(l)} + 3 \, O_{2(g)} + 12 \, e^-$

    (2) 陰極（－）：$Al^{3+}_{(l)} + 3 \, e^- \rightarrow Al_{(l)}$

    　　全反應：$2 \, Al_2O_{3(l)} \rightarrow 4 \, Al_{(l)} + 3 \, O_{2(g)}$

    (3) 加入冰晶石（Na_3AlF_6）為助熔劑，可降低熔點。

    (4) 鋁的密度比氧化鋁大，從槽底流出。

五、電解水溶液

1. 以惰性電極電解電解質之水溶液：

    (1) 陽極產物：析出非金屬或氧氣。

    (2) 陰極產物：析出金屬或氫氣。

2. 陽極產物：

    (1) 陰離子為Cl^-（濃）、Br^-、I^-等，則析出非金屬。

例如：$2 I^-_{(aq)} \rightarrow I_2 + 2 e^-$ （$I_2 + I^- \rightarrow I^-_{3(aq)}$）

(2) 陰離子為F$^-$、Cl$^-$（稀薄）或離子團，不能析出，則由H$_2$O被氧化，析出O$_2$。

反應式：$2 H_2O_{(l)} \rightarrow O_{2(g)} + 4 H^+_{(aq)} + 4 e^-$

(3) 若鹼性溶液，則由OH$^-$被氧化，析出O$_2$。

反應式：$4 OH^-_{(aq)} \rightarrow O_{2(g)} + 2 H_2O_{(l)} + 4 e^-$

3. 陰極產物：

(1) 陽離子為Ag$^+$、Cu^{2+}等，則析出金屬。

例如：$Ag^+ + e^- \rightarrow Ag$

(2) 陽離子為IA$^+$、IIA^{2+}、Al^{3+}等，不能析出，則由H$_2$O被還原，析出H$_2$。

反應式：$2 H_2O_{(l)} + 2 e^- \rightarrow H_{2(g)} + 2 OH^-_{(aq)}$

(3) 若酸性溶液，則由H$^+$被還原，析出H$_2$。

反應式：$2 H^+_{(aq)} + 2 e^- \rightarrow H_{2(g)}$

六、電解飽和食鹽水溶液（鹼氯工業）

1. 工業上以電解飽和食鹽水來製造NaOH及Cl$_2$。

(1) 陽極（＋）：$2 Cl^-_{(aq)} \rightarrow Cl_{2(g)} + 2 e^-$

(2) 陰極（－）：$2 H_2O_{(l)} + 2 e^- \rightarrow H_{2(g)} + 2 OH^-_{(aq)}$

全反應：$2 H_2O_{(l)} + 2 Cl^-_{(aq)} \rightarrow H_{2(g)} + 2 OH^-_{(aq)} + Cl_{2(g)}$

或 $2 H_2O_{(l)} + 2 NaCl_{(aq)} \rightarrow H_{2(g)} + 2 NaOH_{(aq)} + Cl_{2(g)}$

2. 早期使用汞電極法，但易造成汞汙染，現在改採用「隔膜電解法」。

3. 「隔膜電解法」：防止陰、陽極產物發生反應而降低產率。

反應式：$2 NaOH_{(aq)} + Cl_{2(g)} \rightarrow NaCl_{(aq)} + NaOCl_{(aq)} + H_2O_{(l)}$

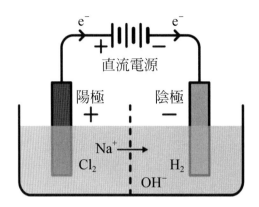

霍爾法製備金屬鋁時，下列何種敘述為正確？　　【81. 夜大】

(A) 冰晶石是用作負極

(B) 鋁礬土是用作負極

(C) 氧化鋁的水溶液用作電解液

(D) 在霍爾電解槽中，液態鋁是靠較大比重由槽底分離出來。

解析

答案為D。

(A) 錯誤。冰晶石（Na_3AlF_6）為助溶劑，加入冰晶石可降低熔點。

(B) 錯誤。鋁礬土熔融態為電解液。

　　陽極（＋）：$2\ Al_2O_{3(l)} \rightarrow 4\ Al^{3+}_{(l)} + 3\ O_{2(g)} + 12\ e^-$

　　陰極（－）：$Al^{3+}_{(l)} + 3\ e^- \rightarrow Al_{(l)}$

　　全反應：$2\ Al_2O_{3(l)} \rightarrow 4\ Al_{(l)} + 3\ O_{2(g)}$

(C)錯誤。電解液是熔融狀態的氧化鋁$Al_2O_{3(l)}$。

(D)正確。

重要觀念建立 5-6

電解下列各溶液（0.1 M），何者在陽極產生的氣體和其他三者不同？　　　　　　　　　　　　　　　　　　【81. 日大】

(A) H_2SO_4　(B) NaOH　(C) NaCl　(D) Na_2SO_4。

解析

答案為C。

(A)(D) 陽極反應式：$2 H_2O_{(l)} \rightarrow O_{2(g)} + 4 H^+_{(aq)} + 4 e^-$

(B) 陽極反應式：$4 OH^-_{(aq)} \rightarrow O_{2(g)} + 2 H_2O_{(l)} + 4 e^-$

(C) 陽極反應式：$2 Cl^-_{(aq)} \rightarrow Cl_{2(g)} + 2 e^-$

重要觀念建立 5-7

工業上電解濃食鹽水，為何常在陽極及陰極間，放置陽離子交換膜？　　　　　　　　　　　　　　　　　　　　【85. 日大】

(A) 防止陰極的 NaOH 與陽極的 Cl_2 起作用

(B) 保持溶液之 pH 值不變

(C) 做為鹽橋

(D) 只允許鈉離子進入陰極，增加鈉金屬的產率。

答案為A。

重要觀念建立 5-8

如右圖，在室溫電解 2.0 M 的 $Au(NO_3)_3$ 水溶液，在電解時，和電源供應器的正極相連電極（甲電極）的最主要產物，及電解槽陰極的最主要產物，分別是什麼？

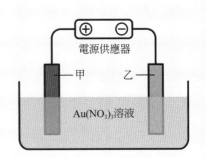

(A) 氫氣及金

(B) 氧氣及金

(C) 兩者均為金

(D) 氧氣及氫氣

(E) 金及一氧化氮。 【93. 指考】

解 析

答案為B。

(B) 反應如下：

陽極（+）：$2 H_2O_{(l)} \rightarrow O_{2(g)} + 4 H^+_{(aq)} + 4 e^-$

陰極（−）：$Au^{3+}_{(aq)} + 3 e^- \rightarrow Au_{(S)}$

2 法拉第電解定律

1. 法拉第（F）：爲了紀念英國科學家法拉第，將1莫耳電子所帶的電量（= 96500庫侖），稱爲1法拉第（1 F）。

2. 公式：

$$F = \frac{Q}{96500} = \frac{I \times t}{96500} = \frac{W}{E} = n \times M \times V$$

F：法拉第數（F）

Q：電量（庫侖，C）

I：電流（安培，A）

t：時間（s）

W：重量

E：當量

n：氧化數（價數）

M：體積莫耳濃度

V：體積

重要觀念建立 5-9

某三價金屬氯化物水溶液，用 2.0 安培電流電解 5 小時後，在陰極析出金屬 24.6 克，則此金屬的原子量爲若干？

(A) 27　(B) 64　(C) 125　(D) 198。

答案為D。

$X^{3+} + 3\,e^- \rightarrow X$

∵ 法拉第定律

$$F = \frac{Q}{96500} = \frac{I \times t}{96500} = \frac{W}{E} = n \times M \times V$$

∴ $\dfrac{2.0 \times 5 \times 60 \times 60}{96500} = \dfrac{24.6}{M_0 / 3}$

    $M_0 = 198$

重要觀念建立 5-10

於電解實驗中，某生於 2.0 M 的硫酸銅溶液，插入兩片純銅片分別做為正、負極，經過一段時間的直流電後，其中一電極析出的物質為 1.6 克。試問所通過的電量為多少庫侖？

（原子量：$O = 16$，$S = 32$，$Cu = 64$）

(A) 9650 　(B) 4825 　(C) 2412 　(D) 1206。 　　　【81. 日大】

解析

答案為B。

$Cu^{2+} + 2\,e^- \rightarrow Cu$

∵ 法拉第定律

$$F = \frac{Q}{96500} = \frac{I \times t}{96500} = \frac{W}{E} = n \times M \times V$$

$$\therefore \frac{Q}{96500} = \frac{1.6}{64 / 2}$$

$$\Rightarrow Q = 4825 \text{（庫侖）}$$

重要觀念建立 5-11

以 10.0 安培電流電解一熔融鉻鹽 96.5 分鐘，在陰極獲得 15.6 克的金屬鉻，則此鉻鹽中鉻的氧化數為下列何者？（1 法拉第 = 96500 庫侖，原子量：Cr = 52.0）

(A) + 2　(B) + 3　(C) + 4　(D) + 5　　　　　【81. 日大】

解析

答案為A。

$Cr^{X+} + X e^- \rightarrow Cr$

∵ 法拉第定律

$$F = \frac{Q}{96500} = \frac{I \times t}{96500} = \frac{W}{E} = n \times M \times V$$

$$\therefore \frac{10 \times 96.5 \times 60}{96500} = \frac{15.6}{52.0 / X}$$

$$\Rightarrow X = +2$$

重要觀念建立 5-12

通入 19300 庫侖的電量，電解 $AgNO_3$ 水溶液，

(1) 陰極可析出銀多少公克？

(2) 陽極可析出氧氣多少公克？（原子量：$Ag = 207$；$O = 16$）

解 析

(1) 陰極（−）：$Ag^+ + e^- \rightarrow Ag$

∵ 法拉第定律

$$F = \frac{Q}{96500} = \frac{I \times t}{96500} = \frac{W}{E} = n \times M \times V$$

∴ $\frac{19300}{96500} = \frac{W}{108 / 1}$

⇒ $W = 21.6$（g）

(2) 陽極（＋）：$2\,H_2O_{(l)} \rightarrow O_{2(g)} + 4\,H^+_{(aq)} + 4\,e^-$

∴ $\frac{19300}{96500} = \frac{W}{32 / 4}$

⇒ $W = 1.6$（g）

重要觀念建立 5-13

回答下列問題：

(1) 通電流於硝酸銀溶液時，其中一電極析出銀，另一電極析出氧氣。假設通穩定電流10分鐘，析出金屬銀10.8克，則電流：

(A) 1.61 安培　(B) 8.05 安培　(C) 16.1 安培　(D) 32.2 安培。

(2) 承上題，再另一電極所生的氧氣，在 STP 時，體積多少？

(A) 0.28 升　(B) 0.56 升　(C) 1.12 升　(D) 2.24 升。

【71. 夜大】

解析

答案為 (1) C；(2) B。

(1) 陰極（−）：$Ag^+ + e^- \rightarrow Ag$

∵法拉第定律

$$F = \frac{Q}{96500} = \frac{I \times t}{96500} = \frac{W}{E} = n \times M \times V$$

∴ $\frac{I \times 10 \times 60}{96500} = \frac{10.8}{108/1}$

⇒ $I = 16.1$（A）

(2) $\frac{10.8}{108/1} = \frac{V}{22.4} \times 2 \times 2$

⇒ $V = 0.56$（L）

3　電鍍

一、電鍍

1. 利用電解的原理，將物品鍍上金屬外層，可增加物品美觀及金屬光澤，或是加強硬度。

2. 電鍍裝置：

(1) 陽極（+）：放置擬鍍金屬。

(2) 陰極（－）：放置被鍍物。

(3) 電鍍液：與擬鍍金屬相關的鹽類溶液。

3. 例子：

(A) 鐵湯匙鍍銀：

(1) 銀片放陽極（＋）

反應式：$Ag \rightarrow Ag^+ + e^-$

(2) 鐵湯匙放陰極（－）

反應式：$Ag^+ + e^- \rightarrow Ag$

(3) 電鍍液可為硝酸銀溶液。

(B) 鑰匙鍍銅：

(1) 銅片放陽極（＋），反應式：$Cu \rightarrow Cu^{2+} + 2\,e^-$

(2) 鑰匙放陰極（－），反應式：$Cu^{2+} + 2\,e^- \rightarrow Cu$

(3) 電鍍液可為硫酸銅溶液。

4. 電鍍前後應注意

(1) 電鍍前，金屬表面應先處理，使用砂紙磨去鏽斑並以氫氧化鈉溶液洗去油汙後，用蒸餾水沖洗，再以丙酮沖洗。

(2) 電鍍完成後，使用蒸餾水洗淨，再用丙酮洗淨，風乾1~3日後，再用軟布磨亮。

重要觀念建立 5-14

四位學生要做電鍍實驗，甲生想在鐵片上鍍銅，乙生想在鐵片上鍍鋅，丙生想在鋅片上鍍銅，丁生想在銅片上鍍銀，他們四個人，何者需準備相同的電鍍液？

(A) 甲、乙　(B) 甲、丙　(C) 乙、丙　(D) 丙、丁。

答案為B。

電鍍裝置：被鍍物放陰極（－），擬鍍金屬放陽極（＋），

電鍍液則為與擬鍍金屬相關的鹽類溶液。

甲生欲在鐵片上鍍銅：鐵片放陰極（－），銅片放陽極（＋），電鍍液可為硫酸銅溶液。

乙生欲在鐵片上鍍鋅：鐵片放陰極（－），鋅片放陽極（＋），電鍍液可為硫酸鋅溶液。

丙生欲在鋅片上鍍銅：鋅片放陰極（－），銅片放陽極（＋），電鍍液可為硫酸銅溶液。

丁生欲在銅片上鍍銀：銅片放陰極（－），銀片放陽極（＋），電鍍液可為硝酸銀溶液。

⇒ 故 甲、丙 兩人需準備相同的電鍍液（硫酸銅溶液）。

重要觀念建立 5-15

某生做電化學實驗，通直流電於硫酸鎳溶液，欲於陰極電鍍析出 1.467 克的鎳（原子量為 58.69），需通多少庫侖的電量？

(A) 19300　(B) 9650　(C) 4825　(D) 2413。　　　【81. 日大】

解 析

答案為C。

$Ni^{2+} + 2\,e^- \rightarrow Ni$

∵ 法拉第定律

$$F = \frac{Q}{96500} = \frac{I \times t}{96500} = \frac{W}{E} = n \times M \times V$$

∴ $\frac{Q}{96500} = \frac{1.467}{58.69 / 2}$

⇒ Q ≒ 4825（庫侖）

重要觀念建立 5-16

阿丁想在鐵片上鍍銅，她將鐵片和銅片分別裝置於甲、乙兩端做為電極，如圖所示。有關電鍍過程中兩極的反應，下列何者正確？

(A) 甲電極之反應式為 $Fe \rightarrow Fe^{2+} + 2\,e^-$

(B) 乙電極之反應式為 $Cu^{2+} + 2\,e^- \rightarrow Cu$

(C) 甲電極之反應式為 $Fe^{2+} + 2\,e^- \rightarrow Fe$

(D) 乙電極之反應式為 $Cu \rightarrow Cu^{2+} + 2\,e^-$。

【93. 基測 2】

解析

答案為D。

電鍍裝置：被鍍物放陰極（-），擬鍍金屬放陽極（+），

電鍍液則為與擬鍍金屬相關的鹽類溶液。

阿丁想在鐵片上鍍銅：

甲電極為負極，則放置鐵片（被鍍物），反應式為$Cu^{2+} + 2e^- \rightarrow Cu$。

乙電極為正極，則放置銅片（擬鍍金屬），反應式為$Cu \rightarrow Cu^{2+} + 2e^-$。

⇒ 故選(D)。

● 本章重點整理

◎ 「電解」為非自發的氧化還原反應，外加電壓使其發生，將電能轉變為化學能。

◎ 電解需外接電源，陽極（+）與電源正極連接；而陰極（−）與電源負極連接。

◎ 電解的應用有：電解水、電解硫酸銅水溶液（以碳棒為電極）、電解硫酸銅水溶液（以銅片為電極）、電解NaCl熔融液、電解Al_2O_3熔融液、電解水溶液、電解飽和食鹽水溶液（鹼氯工業）等等。

◎ 電鍍是利用電解的原理，將物品鍍上金屬外層，可增加物品美觀及金屬光澤，或是加強硬度。

◎ 將1莫耳電子所帶的電量，稱為1法拉第（1 F）。

◎ 法拉第電解定律的公式：

$$\frac{Q}{96500} = \frac{I \times t}{96500} = \frac{W}{E} = n \times W \times V$$

◎ 「電池」與「電解」的差異：

電池	自發反應 （$\Delta E° > 0$）	陽極（−） 陰極（+）	化學能→電能
電解	非自發反應 （$\Delta E° < 0$）	陽極（+） 陰極（−）	電能→化學能

第五章 電解與電鍍

157

學習上易犯錯的地方與注意事項

◎「電池」為自發反應，可自然發生，將化學能轉變為電能；而「電解」為非自發反應，無法自然發生，可外加電壓使其發生，將電能轉變為化學能。

◎電解的「陽極」發生氧化反應並與電源正極連接，也是電解的「正極（＋）」；而電解的「陰極」發生還原反應並與電源負極連接，也是電解的「負極（－）」。

◎「電解」技術的發展，使工業上可提煉出金屬，例如：鈉、鋁等。鋁金屬因為有著輕量又耐蝕的優點，所以在生活上的應用非常廣泛，像是鋁門窗、鋁罐、飛機零件等。

◎電鍍時，陽極（＋）放置擬鍍金屬，陰極（－）放置被鍍物，電鍍液則放置與擬鍍金屬相關的鹽類溶液。

◎由電解方式延伸出的「電鍍」技術，在工業上也十分重要，例如：電腦外殼、光碟、印刷電路板等，這些產品表面上的薄膜圖案與文字也都是應用了電鍍的技術！

編後語　對彼此的懸念

網路時代，讓我看見許多學生有趣的動態，也讓我產生許多感動。

學生張○君在某個星期六臉書上的即時動態：

「又發燒惹，不過還不錯的是可以逃掉一整天的補習……但是要在晚上之前好起來，晚上理化課不上太可惜惹！」

已經生病了，還惦記著希望能上理化，這已經夠我感動的了，接下來的內容還會讓我噴淚。

（以下取自與8年級學生王○蓉的FB訊息對話）

王○蓉：老師我今天沒上到課喇~><

我回：為何沒來？（好兇，有斥責的口氣。）

王○蓉：腸胃型感冒，吐了兩天，連水都喝不進去。

我回：啊，好可憐，要多保重喔。

王○蓉：嗯嗯，好可惜沒上到課。

……

都已經生病到吃不下東西，還對我的課如此懸念。這是普遍稱作「豆腐族」世代應有的用功表現嗎？現在的學生不都是能逃就逃，最好每天颱風發燒不上課最好嗎？

不只是網路，平常的相處上，我也感受同學給我的熱力。某國中舉辦校外教學，星期五深夜學生才回到家，但星期六一早是我的理化課，出席率好高，但旋即下午的某主科XX課上課人數就好少。那位任課老師之後向

我抱怨現在的孩子很不勤學，學生只是校外教學感覺累就請假不上課。我轉念一想：我的課在上午，XX課在下午，如果學生覺得累不想上課，應該是我早上的理化課請假才對呀？就在這件事件的隔週，我問學生原因，他們異口同聲告訴我：「老師的理化課請假？太浪費了！」

記得有一次，下課之後在補習班外碰到某位家長，她特意攔住我與我打招呼，說到：「我一定要來認識一下大為老師！我只是今天比較忙，晚一點才能送孩子來上課，但他在車上一路上就一直埋怨我害他遲到，會少學很多東西，一直說是都是我害的。他在其他課遲到根本也都無所謂呀，為何獨獨對理化這麼認真？」我回想了一下，的確，這位學生今天上課真的遲到，進教室時臉還臭臭的，可是坐定位開始上課之後就展開笑容開心上課。

週末假日在某補習班的建北班上課，下課後見到許多同學收拾書包準備離班，可是接下來還有別的課要上，此時並不是真正的放學時間呀。我問他們：「等一下不是還有XX課嗎？」

「我們只上有意義、有用還有好老師上的課。」

自這些成績優秀的學生狂妄的語氣中，讓我感覺好有成就感！

高中課程社區化已普遍成為趨勢，合作多年的某家社區型補習班，有天在國三班下課之後，班主任與我討論高中開班事宜，被某位耳尖的學生聽見，他立刻插話說：「大為老師要開高中班喔？我要第一個報名！」

我心中笑開了。自己覺得自己越來越老，早就安排退休計畫，但是同學們都需要我，這份對學生的懸念，讓我的退休計畫要何時才能落實呢？就利用這本書來加深所有學生——不管是認識還是不認識的學生——對我的懸念吧。

國家圖書館出版品預行編目資料

行動化學館.3：氧化還原 / 陳大
為，王虹著. -- 初版. -- 臺北市
：五南，2017.05
　面；　公分
ISBN 978-957-11-8945-1(平裝)
1.化學 2.中等教育
524.36　　　　　　105022811

ZC06

行動化學館3：氧化還原

作　　者 ─ 陳大為（271.8）、王虹

發 行 人 ─ 楊榮川

總 編 輯 ─ 王翠華

主　　編 ─ 王正華

責任編輯 ─ 金明芬

封面設計 ─ 陳翰陞

出 版 者 ─ 五南圖書出版股份有限公司

地　　址：106台北市大安區和平東路二段339號4樓

電　　話：(02)2705-5066　　傳　　真：(02)2706-6100

網　　址：http://www.wunan.com.tw

電子郵件：wunan@wunan.com.tw

劃撥帳號：01068953

戶　　名：五南圖書出版股份有限公司

法律顧問　林勝安律師事務所　林勝安律師

出版日期　2017年5月初版一刷

定　　價　新臺幣250元